Planejamento em Orientação Educacional

FICHA CATALOGRÁFICA
CIP-Brasil. Catalogação na fonte
Sindicato Nacional dos Editores de Livros, RJ

L969p

Lück, Heloísa

Planejamento em Orientação Educacional / Heloísa Lück. 23. ed. – Petrópolis, RJ : Vozes, 2014.
176 p.
Bibliografia.

5ª reimpressão, 2021.

ISBN 978-85-326-0819-2
1. Orientação Educacional. 2. Orientação Vocacional. 3. Planejamento. 4. Projeto. I. Título.

Heloísa Lück

Planejamento em Orientação Educacional

EDITORA
VOZES

Petrópolis

© 1991, 2009, Heloísa Lück
Centro de Desenvolvimento Humano Aplicado
cedhap@terra.com.br
41 – 3336 4242

Direitos de publicação:
1982, Editora Vozes Ltda.
Rua Frei Luís, 100
25689-900 Petrópolis, RJ
www.vozes.com.br
Brasil

Todos os direitos reservados. Nenhuma parte desta obra poderá ser reproduzida ou transmitida por qualquer forma e/ou quaisquer meios (eletrônico ou mecânico, incluindo fotocópia e gravação) ou arquivada em qualquer sistema ou banco de dados sem permissão escrita da editora.

CONSELHO EDITORIAL

Diretor
Gilberto Gonçalves Garcia

Editores
Aline dos Santos Carneiro
Edrian Josué Pasini
Marilac Loraine Oleniki
Welder Lancieri Marchini

Conselheiros
Francisco Morás
Ludovico Garmus
Teobaldo Heidemann
Volney J. Berkenbrock

Secretário executivo
João Batista Kreuch

Editoração: Frei Leonardo A.R.T. dos Santos
Diagramação: AG.SR Desenv. Gráfico
Capa: Maria Fernanda de Novaes

ISBN 978-85-326-0819-2

Editado conforme o novo acordo ortográfico.

Este livro foi composto e impresso pela Editora Vozes Ltda.

"É a disposição das velas, não a força da ventania, que determina o caminho a seguir."

Dedicatória

Aos profissionais da educação, que atuam como orientadores educacionais nas escolas, contribuindo para a formação e desenvolvimento integral de seus alunos, tanto pela atuação direta com os educandos como pelo esforço de incorporação desses princípios, na prática dos professores e realização do currículo escolar.

Aos profissionais que nas instituições de Ensino Superior contribuem para a formação competente e comprometida de orientadores educacionais.

Aos gestores de sistemas de ensino e de escolas que promovem a integração e articulação da Orientação Educacional no processo de ensino oferecido aos alunos.

Sumário

Prefácio, 9
Prefácio da sexta edição, 13
Prefácio das edições anteriores, 17
Apresentação, 19
1. Significado do planejamento, 31
2. Necessidade e importância do planejamento em Orientação Educacional, 54
3. Dimensões do planejamento, 73
4. Plano anual de ação, 103
5. Projeto de pesquisa-ação, 118
6. Proposição de objetivos educacionais, 134
Referências, 151
Anexos, 155
Lista de figuras, 169
Lista de quadros, 170
Lista de anexos, 171
Índice, 173

Prefácio

Ao completar a 20ª edição de *Planejamento em Orientação Educacional*, após uma década da última revisão, revejo a obra, para atualizar sua linguagem e seus conceitos, de modo a situá-la em seu tempo. Fico feliz em saber que a obra continua sendo solicitada e utilizada por profissionais da Orientação Educacional, por educadores em geral, assim como em cursos de formação de orientadores educacionais.

Sua utilização representa a existência de baluartes que lutam para que essa importante área continue existindo e se esforçando por melhorar a qualidade de sua contribuição para a formação dos alunos de nossas escolas. Certamente que esse esforço alcança os resultados desejados e necessários a partir de um conjunto muito grande de condições para a atuação da Orientação Educacional.

O desenvolvimento de competências de planejamento é, pois, imprescindível. Além dessas competências, e até mesmo para subsidiá-las, é necessário o domínio de competências em relação aos fundamentos da educação, envolvendo, por exemplo, a filosofia, a psicologia, a sociologia, a biologia, a legislação educacional, a estrutura e o funcionamento do ensino. Também os fundamentos da Orientação Educacional, envolvendo a axiologia e a ética profissional; a Psicologia social, envolvendo a dinâmica de grupo, a comunicação, as relações interpessoais; as questões de inserção do processo educacional; e a formação dos alunos em sua atualidade e contexto, envolvendo a relação entre educação e realidade social, entre educação e trabalho, entre família e escola; a Psicologia do Desenvolvimento Humano, envolvendo o desenvolvimento em todas as faixas, com suas possibilidades, necessidades e problemáticas; a relação da Orientação Educacional com as demais áreas de atuação educacional na escola, etc.

É reconhecido que quanto mais complexa e dinâmica a realidade com a qual se trabalha, maior é a necessidade de fundamentação e formação, que nunca é completa e nunca completamente atendida. Também é importante reconhecer que essa complexidade também está associada à necessidade de maior organização do trabalho, pois o risco de se cair no espontaneísmo e improvisação é muito grande.

A Orientação Educacional é reconhecida como área de atuação educacional que focaliza o ser humano como um todo, adotando a dimensão afetivo-social como eixo estrutural de desenvolvimento. Sabe-se que esse eixo se constitui em dimensão caracterizada por elevada subjetividade, dinâmica e complexidade. Em vista disso, resultou, inadequadamente, o entendimento de que a atuação profissional do orientador educacional não pode ser sujeita a padrões de desempenho, e à regularidade de ações, daí a tendência de orientar-se para uma atuação mais espontânea e naturalista para atender às demandas imediatas do comportamento humano, marcadas por forte dinâmica e características emocionais em grande parte inesperadas. Destacamos a respeito que, embora a espontaneidade e a naturalidade sejam qualidades importantes no trabalho humano e educacional, é de bom alvitre ter em mente que não se pode cair no espontaneísmo, no ensaio e erro e na falta de método e de organização, de modo a perder o profissionalismo e a eficiência. Há níveis e metodologias diferenciados de planejamento que devem ser empregados de acordo com a circunstância.

Nenhuma ação realizada para alcançar transformações e desenvolvimento prescinde de planejamento para promover os resultados pretendidos. Dois aspectos evidenciam a importância do planejamento em Orientação Educacional: i) a complexidade do foco de atuação, que demanda maior articulação dos seus princípios, diretrizes, valores e objetivos, e destes com o método e estratégias para realizá-los; e ii) a intencionalidade da ação educativa, que demanda a clareza dos resultados pretendidos e dos caminhos para alcançá-los.

A Orientação Educacional, para ser efetiva, necessita adotar em sua prática uma abordagem sistêmica e sistemática de planejamento, isto é, necessita adotar o planejamento como um processo inerente ao seu trabalho, realizado de forma contínua e cotidiana, orientada por uma visão global e abrangente, ao mesmo tempo articuladora de todos os seus segmentos. Desse modo, será capaz de mobilizar a ação de pessoas com foco no enfrentamento dos desafios de promover o desenvolvimento e formação dos alunos, a partir de um ambiente educacional coerente e consistente com os princípios formadores propostos.

Prefácio da sexta edição

Planejamento em Orientação Educacional foi colocado à disposição dos orientadores educacionais, pela primeira vez, em 1982. Naquela oportunidade, procurava eu oferecer àqueles que já se encontravam no exercício da profissão, e aos acadêmicos dos cursos de Pedagogia, uma contribuição para que pudessem vencer uma tendência marcante reconhecida pelos profissionais em atividade, de atuarem, o mais das vezes, sem direcionamento claro e específico e, por isso, inteiramente sujeitos às demandas imediatistas de trabalho na escola.

À época, utilizando expressões autodenominatórias, como "pau-pra-toda-obra" e "coringa", para designar seu trabalho, os orientadores educacionais indicavam estarem atuando não de forma direcionada, sistemática e organizada, mas de forma espontânea e imediatista, sem vínculo direto com um projeto pedagógico global tanto da escola como da área de Orientação Educacional. No contexto dessa tendência, o orientador educacional atuaria seguindo um enfoque muito mais reativo do que proativo, muito mais encaminhado para atender às demandas e aos problemas imediatos de trabalho na escola do que para ajudar a imprimir, no seu contexto, uma nova linha de trabalho superadora das limitações da escola na formação de seus alunos, e construir uma nova qualidade que contribuísse para a superação dos seus problemas cotidianos.

Na ocasião, eu atuava como coordenadora dos serviços de Orientação Educacional e Vocacional do Departamento de Ensino de Primeiro Grau da Secretária de Estado da Educação e registrava o fato de os orientadores educacionais expressarem grande insatisfação a respeito dessa situação por atuarem inteiramente à mercê da mesma. Ficava evidente, para mim, que esse fato era devido, não apenas a uma falta de clareza e direcionamento da prática escolar como um todo, mas também a uma falta de organização da atividade do orientador educacional. Esta era provocada pela falta de explicitação e encaminhamento da direção de trabalho orientada por uma concepção teórica clara sobre a natureza da Orientação Educacional e das responsabilidades dos seus profissionais.

Evidenciava-se para mim, então – como ainda hoje ocorre –, que "a Orientação Educacional planejada, sujeita ao princípio de ação organizada e livre de hesitações ou de improvisações inadequadas, deva ser um dos objetivos de tantos quantos se preocupem com sua credibilidade e com sua capacidade de efetivamente contribuir para o desenvolvimento da educação, vale dizer, com sua própria razão de ser". Esse princípio envolveria o estabelecimento da proposta objetiva de trabalho, determinada pela necessidade de emprego de processo do planejamento.

Observei, no entanto, que, durante a década de 80, o planejamento foi condenado a ser instrumento a serviço de uma concepção limitada de educação, orientada por ótica tecnicista e contrária ao desenvolvimento da concepção social e da atuação de sentido transformador da realidade. O Planejamento em Educação foi visto como um esforço que não combinaria com uma atuação pedagógica crítica e comprometida com a transformação da escola e com a tomada da consciência, pelo educador, da dimensão histórica e política de seu trabalho.

Em decorrência das críticas, planejar o trabalho educacional não se estabeleceu como preocupação significativa. Os responsáveis pela formação do pedagogo – vale dizer, do orientador educacional – bem como os administradores educacionais atuantes nas secretarias de educação, sejam estaduais ou municipais, passaram a direcionar sua atenção sobretudo para a formação teórico-política do pedagogo em geral, formação que, em vez de situar o planejamento em escopo e visão mais abrangente de educação, passou a não apenas abandoná-lo, mas até a menosprezá-lo.

Observa-se, no entanto, que, nesse quadro, a situação da educação como um todo e da Orientação Educacional no seu contexto não mudou – seria mais adequado dizer: não melhorou. O que se registra é uma crescente insatisfação com a educação praticada nas escolas e, no que concerne à Orientação Educacional, verifica-se um aparente esforço, consciente ou não, de desmantelamento dessa área, mediante sua condenação pelo uso de argumentos rotuladores.

A introdução da preocupação com o desenvolvimento de uma consciência política por parte dos educadores, em especial dos pedagogos, resultou, infelizmente, sobremodo, na condenação da prática vigente e da literatura disponível para orientar a educação e seus profissionais, não chegando à construção de uma nova prática. O que se registrou foi apenas a troca de um discurso por outro, que não culminou em novo alento e nova orientação de ação, tampouco contribuiu para a melhoria da prática pedagógica desenvolvida na escola.

Deve-se ter em mente que a ação do orientador educacional será tão limitada quanto sua concepção sobre seu trabalho, daí a importância de promover o desenvolvimento da concepção teórica desse profissional. No entanto, essa concepção, por mais rica, coerente e ampla que seja, de nada valerá, se não for colocada em prática uma ação sistemática, organizada e seguramente direcionada. E essas condições somente são garantidas mediante a adoção de uma sistemática de planejamento de ações pedagógicas.

Reitera-se aqui, junto com Kosik[1] (1986) e Vásquez[2] (1997), dentre outros, que é na prática que se desenvolve a consciência crítica, almejada pela nova educação, mediante uma reflexão sobre a mesma. Há também, no entanto, a necessidade de mudanças esperadas no contexto da escola, também para promover o desenvolvimento da consciência crítica esperada.

É fundamental reconhecer que o planejamento é um processo dinâmico e complexo que envolve, além de uma dimensão técnica (forma), uma dimensão política (fundo). Minimizar a importância do planejamento por se ver nele única e exclusi-

---

1. A 7ª edição dessa referência foi publicada em 2002 e é apresentada nas referências bibliográficas.
2. Nova edição dessa referência foi publicada em 2007 e é apresentada nas referências bibliográficas.

vamente a dimensão técnica, isto é, o seu aspecto formal, é vê-lo com uma ótica limitada, e atribuir-lhe apenas uma perspectiva linear, e, em consequência, desvalorizar a dimensão política correspondente, que, por certo, não se expressa sem a dimensão técnica. Isto é, ambas correspondem a duas faces da mesma moeda. Como afirmava o poeta paranaense Tasso da Silveira: "forma é fundo aparecendo".

Evidencia-se que o planejamento e seu subproduto formal, o plano ou projeto, não têm valor em si mesmos, pois uma ação bem planejada de nada vale, caso não venha a corresponder à qualidade do planejamento: uma qualidade de conteúdo – isto é, de sua dimensão política – e uma vontade de agir, de colocar em prática o planejado. Planejar é vislumbrar uma situação futura melhor e propor-se a construir a realidade vislumbrada, dando objetividade e direcionamento claro às ações para tal fim. Portanto, não se pode conceber a ação do orientador educacional ou de qualquer educador sem planejamento.

Em decorrência desse ponto de vista, retomo o trabalho inicial, e, para esta sexta edição, redimensiono seu conteúdo, de modo a evidenciar aspectos que, no trabalho anterior, ficaram obscurecidos ou que não foram apresentados. Dentre eles ressalta-se o enfoque da visão dinâmica e circular do planejamento, portanto, não linear, e a concepção do planejamento participativo. Cabe lembrar que este trabalho busca expressar tanto a importância do planejamento para a organização, sistematização e direcionamento de toda e qualquer ação educacional, como também a importância da Orientação Educacional como uma dimensão significativa do processo pedagógico realizado na escola.

O fato de a primeira versão do trabalho ter alcançado cinco edições, apesar das situações adversas à Orientação Educacional e ao próprio esforço de planejar, denota que há uma valorização e uma expectativa subjacentes para este tipo de trabalho. Espero que ele possa continuar contribuindo para o desenvolvimento profissional dos orientadores educacionais e para o desenvolvimento da educação como um todo.

Curitiba, outubro de 1991.
Heloísa Lück

Prefácio das edições anteriores

Observa-se, quase sempre, que os programas de formação do orientador educacional dedicam pouca ou quase nenhuma atenção à aquisição de conceitos, atitudes e habilidades relativos ao desempenho das funções de planejamento. Em vista disso, vê-se tal profissional despreparado para a realização da organização sistemática e criteriosa de seu trabalho.

Supõe-se que essa dificuldade constitua um dos fatores a contribuir significativamente para a relativa inconsistência do papel do orientador educacional conforme se registra no contexto escolar e que resulta, comumente, em uma atuação do tipo "coringa" ou "pau-pra-toda-obra", como ele mesmo percebe e expressa

A Orientação Educacional planejada, sujeita ao princípio de ação organizada e liberta de hesitações ou imprevisões inadequadas, é um dos objetivos de tantos quantos se preocupam com sua credibilidade, eficácia e com sua própria razão de ser, mediante trabalho competente e consequente.

Sabe-se que quanto mais complexa for a tarefa a desempenhar, mais necessário se torna o seu planejamento e mais atenção se deve dar ao mesmo. Tal é o caso da Orientação Educacional, uma área em que a necessidade do planejamento é acentuada, ainda mais, quando se tem em mente que, para promover o desenvolvimento integral do educando, é imprescindível que a ação educativa seja continuamente intensificada e aprimorada.

Conforme se observa na prática, a Orientação Educacional ainda está engatinhando timidamente em sua tarefa educacional e, a fim de que possa dar passadas seguras e decisivas no sentido de contribuir para tornar a escola mais significativa na vida do educando, cabe aos seus profissionais concentrar e integrar esforços, energia e o máximo de recursos disponíveis, sendo o planejamento objetivo considerado como condição básica e imprescindível para a obtenção dos resultados desejados.

Conclui-se, portanto, que cabe aos cursos de formação de orientadores educacionais, às Secretarias de Educação, às associações de classe, promover a preparação do profissional para o melhor exercício da função de planejamento como organizadora das demais funções. Ainda, ao próprio orientador educacional cabe assumir iniciativa e responsabilidade com relação ao seu desenvolvimento profissional, pois apenas mediante adequado preparo alcançará objetividade, consistência, coerência, determinação, sistematização e eficácia em suas ações.

Este manual é um guia para a realização da tarefa de capacitação e aperfeiçoamento do profissional. Ele é fruto do trabalho da autora como coordenadora do Serviço de Orientação Educacional e Vocacional do Departamento de Ensino de Primeiro Grau da Secretaria de Estado da Educação do Paraná e de sua atuação como professora de cursos de formação e atualização de orientadores educacionais. Partes do conteúdo aqui apresentado já foram dadas ao público sob a forma de fascículos, apostilas e artigos, ou desenvolvidas pela autora nos cursos de atualização e de capacitação profissional. A matéria, embora não seja apresentada pela primeira vez, é agora refundida e expandida.

Espera-se, com este trabalho, contribuir, ainda que modestamente, para que profissionais e acadêmicos de Orientação Educacional possam aprimorar a qualidade de seu trabalho, ampliando seu interesse, atitudes e habilidades em relação ao desempenho das funções do planejamento.

Curitiba, 1982.
Heloísa Lück

Apresentação

Planejar a Orientação Educacional implica em delinear o seu sentido, os seus rumos, a sua abrangência e as perspectivas de sua atuação como área que principalmente focaliza na escola o desenvolvimento integral do aluno como pessoa. Vale dizer que esse planejamento envolve, antes de tudo, uma visão global sobre a natureza da Educação, da Orientação Educacional e suas responsabilidades educacionais de formação dos alunos.

Durante a década de 80, o sentido da educação e da Orientação Educacional foram questionados, a tal ponto que grande parte das obras publicadas na área evidenciou um resultado muito maior de menosprezo ao papel da escola, como agente de educação e como estabelecimento de anti-Orientação Educacional, do que explicitação de sua natureza e configuração das possibilidades de sua atuação.

Na definição da anti-Orientação, o que se observou foi a construção de uma visão negativa dessa área educacional e de uma generalizada atitude de desconsideração ao que o orientador educacional realizava nas escolas e a tudo quanto era definido na literatura a respeito. Assim, as funções da Orientação Educacional passaram a ser condenadas por serem vistas como tecnicistas, simplistas e limitadas em sua visão e alcance, por estarem, supostamente, a serviço das classes dominantes e do capitalismo.

De fato, observávamos, então, que muitas das ações comumente praticadas na área da Orientação Educacional tinham horizontes limitados e até mesmo malformulados, com perspectivas ingênuas e sem fundamentação baseada em quadro referencial abrangente, crítico e transformador. Portanto, essas ações necessitavam de revisão que viesse a dar à Orientação

Educacional um sentido diferente, mais comprometido com as escolas como um todo e com a realidade social do aluno, de modo a contribuir para a formação de cidadãos críticos e sujeitos de sua história.

Na década de 90, observamos que, como resultado das análises e debates realizados, a Orientação Educacional ganhou um discurso político para direcionar seu trabalho. Porém, esse mesmo discurso político, de forte viés ideológico, desqualificava a Orientação Educacional como sendo "psicologista", individualista e "tecnicista". Isso contribuiu para que a área como um todo perdesse a força, tanto nas instituições formadoras quanto nos sistemas de ensino, que deixaram de realizar concursos para a contratação de orientadores educacionais e de alocar vagas para esses profissionais nas escolas. Portanto, os possíveis ganhos de alargamento da concepção e papel da Orientação Educacional na escola, decorrentes dessa visão crítica, ocorreram à custa do desmerecimento e desqualificação da sua dimensão técnica operacional e do seu espaço nas escolas. Chegou-se, pois, à virada do século, sem que a Orientação Educacional ganhasse um novo e significativo impulso não somente pela transformação de sua prática como instrumento significativo de melhoria da qualidade do ensino, como também pelo reconhecimento de seu importante papel na educação. Aliás, essa condição se situa num contexto maior de falta de foco, entre os gestores educacionais, sobre as condições globais que garantem a qualidade do ensino, no qual, também, foi enfraquecida, lamentavelmente, a posição da supervisão escolar.

O objetivo deste trabalho é, pois, o de estabelecer fundamentos e linhas de ação para o planejamento da Orientação Educacional, partindo do pressuposto de que o resgate da atuação nessa área com qualidade passa, dentre outros aspectos, pela sua visão de conjunto, organizada pelo processo de planejamento e projeção de futuro, sustentada por forte fundamentação teórico-metodológica. Foge, porém, ao escopo deste trabalho, embora importante, realizar um estudo a respeito da natureza da Orientação Educacional e da sua dimensão conceptual que, no entanto, são fundamentais para o seu planejamento.

Remetemos, pois, o profissional à leitura de obras a respeito dessa fundamentação, como, por exemplo, o livro de Mirian Zippin Grinspun (2006), *A Orientação Educacional: conflito de paradigmas e alternativas para a escola*, em que a autora descreve "a Orientação Educacional na sua origem, nos seus aspectos legais, na sua história e nas próprias relações que ela mantém dentro da escola. Os aspectos sociais, políticos, culturais, o advento das novas tecnologias, inserem os indivíduos dentro de um novo cenário em que suas ações, fruto desta nova realidade, precisam ser pensadas, analisadas à luz de uma reflexão sobre esse novo contexto". A partir do pressuposto de que todos são responsáveis na escola pelos problemas dos alunos e não apenas a Orientação Educacional, indica porém que orientador exerce um papel importante nesse trabalho, revelando/desvelando, analisando/refletindo, ajudando/colaborando na crítica desse processo, como condição para que, em conjunto, todos construam melhores experiências de aprendizagem para seus alunos. Outras obras de referência para o orientador educacional são apontadas no Quadro 1, ao final desta unidade.

É importante ter em mente que de nada valem as boas ideias, caso não sejam postas em prática. Assim como não se deve pensar em ações, sem que se considerem as suas dimensões conceptuais de sentido amplo, e não se deve pensar nestas, sem que se leve em consideração as formas de sua expressão.

Para o momento, cabe resgatar nosso entendimento de que a Orientação Educacional tem certas funções (ações) clássicas a serem desempenhadas no contexto pedagógico em que esteja inserida, funções estas cujo sentido não é estático, mas dinâmico, em decorrência da própria natureza do processo educacional e do comportamento humano com o qual trabalha. Portanto, transforma-se continuamente, em razão da alteração múltipla de variados fatores que ocorrem no processo dinâmico da prática social pedagógica. Vale dizer que o sentido das funções de Orientação Educacional e o seu dimensionamento são construídos dinamicamente, no contexto da ação, devendo alargar-se e aprofundar-se continuamente de modo a serem efetivados na promoção de educação de qualidade.

É com essa compreensão que resgatamos, das edições anteriores deste livro, o delineamento das funções do orientador educacional, que, reforçamos, devem ser entendidas como dinâmicas, processuais, e sobremodo interativas, a serviço do compromisso social da educação. Isto é, nenhuma delas tem significado e valor por si mesmas, ou pode ser considerada isoladamente, daí por que seu planejamento deve ter caráter abrangente. Elas têm importância como elementos de um processo global de atuação pedagógica.

As funções da Orientação Educacional podem ser englobadas em dois grupos, que se caracterizam como dois eixos de um mesmo processo, em que nenhum existe sem o outro e a ampliação de um implica na ampliação do outro. Os dois grupos são:
• o das funções de organização,
• o das funções e implementação (LÜCK, 1979b).

Da interação recíproca entre as funções de organização e de implementação da Orientação Educacional, vão-se desenvolvendo, concomitantemente, a sua concepção de trabalho e o seu processo, criando-se, dessa forma, ao mesmo tempo, uma nova realidade, assim como uma nova ótica sobre a mesma. Vale dizer que organização e implementação se transformam reciprocamente. A Figura 1 apresenta a relação entre esses dois eixos do trabalho educativo.

Figura 1
Relação interativa entre funções de organização e de implementação

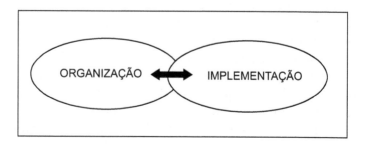

As funções de organização

As funções de organização dizem respeito a todas aquelas ações desempenhadas com o objetivo de preparação, ordenação, provisão, sistematização, retroalimentação da ação pedagógica para a realização dos objetivos de ação que também definem. Enfim, referem-se a todos os esforços despendidos na organização das ações de ajuda e de transformação pretendida, baseadas em objetivos claramente definidos, de modo a garantir a realização das intenções educacionais.

Essas funções são desempenhadas com o fim de garantir uma estrutura básica e mobilização de esforços e recursos necessários para a realização de objetivos propostos pela Orientação Educacional. Elas caracterizam-se por serem *funções-meio*, isto é, constituem-se em esforços de caráter interno da Orientação Educacional e, por si, não promovem diretamente as transformações desejadas, embora contribuam para organizar as ações destinadas a alcançar esse resultado. É importante lembrar que os meios devem já levar o sentido dos fins, pois meios e fins são duas dimensões de um mesmo processo, tal como uma imagem num espelho. Logo, deve-se abordar a questão dos meios, das funções de organização, com o mesmo sentido que se devem abordar as ações específicas da Orientação Educacional. Isto é, não devem ser consideradas como meras operações técnicas, neutras e destituídas do sentido político, e, sim, como proposições plenas de significado caracterizado pela influência que pretendem exercer.

A sugestão de que os fins justificam os meios está associada ao entendimento falso segundo o qual, definidos os objetivos, os meios passam a realizá-los, independentemente da concepção paradigmática que expressem. Essa sugestão, de forma inadequada, não leva em consideração a necessidade de consistência e coerência entre objetivos e ações, fundamental na educação. Cabe lembrar que os objetivos propõem uma concepção de trabalho e esta deve estar presente na metodologia utilizada para realizá-los. A consistência paradigmática é fundamental (LÜCK, 2008). Por exemplo, uma vez definido o objetivo de que *os alunos sejam capazes de tomar decisões diante de situações de tensão e conflito*, as condições necessárias para a realização desse objetivo envolvem a criação simulada de conflitos e tensões para que possam vivenciar essas condições, ou pelo menos a possibilidade de, hipoteticamente, observá-las e colocarem-se pessoalmente diante delas. Portanto, não é adequada e não funciona a realização de sessão coletiva de Orientação Educacional em que os alunos estudam textos sobre o conceito e significado dessas condições – neste caso o objetivo seria: o aluno será capaz de descrever o significado de tensão e conflito.

É válido destacar que, embora as funções de organização sejam realizadas antecedendo e sucedendo as funções de implementação, ocasião em que parecem ter mais proeminência, elas se expressam e persistem no decorrer do desenvolvimento das funções de implementação, com igual cuidado e atenção. Isso porque planejar não significa apenas elaborar um plano ou projeto. Não é apropriado, portanto, ver planejamento, implementação e avaliação mediante a perspectiva e a ótica da linearidade, que propõe passos segmentados, sequenciais e isolados, e sim de circularidade que faz interagir os diferentes momentos em um todo dinâmico, coerente e consistente.

A clareza do direcionamento e a qualidade dos resultados da prática da Orientação Educacional dependem, por certo, do cuidado e da abrangência de sentido com que são praticadas as funções de organização. Cabe, pois, ao orientador educacional efetivar essa prática tendo em mente sua implementação integrada e interativa.

Dentre as funções de organização destacam-se:
- levantamento de dados,
- planejamento,
- avaliação.

Essas funções constituem um complexo de ações interdependentes segundo o qual uma possibilita as demais e as três se vinculam reciprocamente, de modo que a qualidade da prática de uma está associada à qualidade da prática das outras. Porém, neste conjunto de funções, o planejamento ganha uma posição de centralidade, uma vez que orienta e é orientado pelas duas outras funções, isto é: i) levantam-se dados em decorrência de uma decisão previamente decidida (plano genérico) sobre a realidade, muito embora a mesma possa ser alterada em face da interpretação dos dados levantados; ii) a avaliação é realizada a partir de um plano específico, inserido no plano para promover os resultados pretendidos, que pode sofrer alterações após a sua implementação, pois esta pode promover resultados não esperados que demandam novas estratégias de avaliação.

O **levantamento de dados** subsidia a realização do planejamento ao permitir a obtenção de informações necessárias para a compreensão da realidade socioeducacional em que o processo pedagógico está inserido e sobre a qual cabe atuar. Ele constrói não apenas uma representação da realidade do aluno, da escola e de sua comunidade, como também configura sua dimensão histórica. O levantamento de dados permite, mais especificamente, a análise de necessidades e a identificação de prioridades necessárias para o estabelecimento de objetivos específicos de ação, sem os quais estas não têm direcionamento. Lembramos aqui que o levantamento de dados, assim como é parte integrante do planejamento, também o é da avaliação, pois esta envolve o julgamento de dados e informações. Logo, esse levantamento antecede o planejamento (avaliação diagnóstica), é concomitante à implementação (avaliação formativa) e a sucede (avaliação somativa).

É importante destacar que do levantamento de dados consta uma visão prospectiva do futuro, de modo que as necessidades definidas, nas quais os objetivos se baseiam, sejam identificadas mediante visão proativa. Ao se definir o que falta, é necessário ter em mente a realidade que se quer construir, a partir de referências positivas e de desenvolvimento avançado, em vez de a partir de lacunas passadas que se quer encobrir e dissimular (reatividade).

A **avaliação** constitui-se em função inerente a toda prática educacional, uma vez que é imprescindível a verificação da medida em que as ações produzem os resultados a que se propõem, condição para o estabelecimento de orientações para o seu aprimoramento contínuo. É a avaliação que possibilita a realimentação (*feedback*) do planejamento e de suas respectivas ações, a partir de observações, análises, reflexões e julgamentos que possibilitam identificar aspectos que necessitam de reforço, revisão, ou redirecionamento. É a avaliação que permite também a uma área profissional demonstrar sua efetividade, sem o que não pode garantir sua credibilidade, nem celebrar seus sucessos.

A avaliação pode ser: *diagnóstica*, que estabelece uma melhor compreensão das necessidades educacionais dos alunos e dessa forma fundamenta o planejamento; *formativa*, que verifica a realização de resultados que são alcançados ao longo da implementação das ações, de modo a orientar possíveis reformulações dos planos definidos e reforçar os avanços promovidos; *somativa*, que verifica os resultados finais e globais de um plano.

O **planejamento** é função que se constitui num processo contínuo de: análise de desafios e oportunidades em determinado contexto, e tomada de decisão a respeito de objetivos e metas a serem assumidos, de ações e condições necessárias para alcançar os resultados, inovações ou transformações propostos. A ampla e aprofundada percepção dos desafios e oportunidades envolvidos no planejamento são objeto de contínuas reflexões, uma vez que essas circunstâncias são dinâmicas e evolutivas, e demandam a busca de diferentes caminhos, estratégias e condições para enfrentá-las. Daí decorre o caráter dinâmico e evolutivo do planejamento, que supera a condição estática de elaboração de planos e projetos. O planejamento visa, pois, a previsão, articulação e coordenação de ações para a promoção de mudanças que, na área social, como é o caso da educação e da Orientação Educacional, são complexas e dinâmicas, exigindo do planejamento um caráter desenvolvimentista. Como o planejamento é o objeto deste livro, deixa-se aqui a questão, cuja análise será explicitada nas unidades subsequentes.

Cabe lembrar que a adoção dessas três funções básicas pela Orientação Educacional, para a organização de seu trabalho, não deve ser entendida como se constituindo em um direcionamento técnico e burocratizante do trabalho nessa área. Deve, sim, ser entendida como condição natural para que se possa vencer o espontaneísmo e o imediatismo desvinculados da intencionalidade educacional e motivados por pressões de acomodação e conservadorismo, que têm caracterizado muitas ações pedagógicas, das quais, muitas vezes, não tem escapado o trabalho do orientador educacional, conforme indicado no prefácio desta edição.

A circularidade interativa entre as três funções que estabelecem a organização a serem adotadas pela Orientação Educacional é apresentada na Figura 2. Tal circularidade se expressa no contexto de uma concepção sistêmica da realidade, segundo a qual todas as suas partes interagem na constituição do todo, em cujo conjunto mantém interdependência.

Figura 2
Interatividade das funções de organização

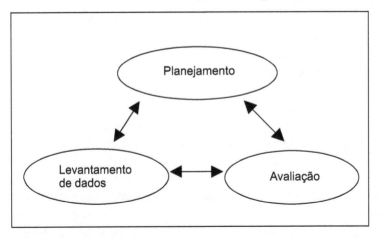

Delineado, portanto, o relacionamento entre as principais funções de organização da Orientação Educacional, passamos a um breve exame das funções de implementação, uma vez que o seu sentido estabelece o conteúdo e a linha de trabalho adotada no planejamento das ações.

Funções de implementação

As funções de implementação na Orientação Educacional dizem respeito àquelas desempenhadas com a finalidade de promover uma transformação no contexto e práticas pedagógicas escolares ou de realizar uma relação de ajuda[3] em relação aos alunos, pais e professores. Isto é, elas se orientam para produzir algum resultado em relação a algum segmento ou pessoa da instituição educacional, ou na instituição como um todo: a grupos de pessoas ou a pessoas individualmente consideradas e suas respectivas práticas. As funções de implementação se propõem a promover a transformação do sentido das práticas sociais levadas a efeito na escola, de modo a ampliar o seu alcance. Pelo seu princípio de ativação dos planos de ação, garantem que a instituição e pessoas, em interação, se tornem mais plenas em sua possibilidade de ser e, desse modo, contribuam para um ambiente educacional mais efetivo e estimulante na promoção do desenvolvimento.

Caracterizam-se como funções de implementação:
- aconselhamento,
- acompanhamento,
- coordenação,
- consultoria,
- encaminhamento,
- orientação em grupo (sessões de orientação).

Essas funções se constituem em estratégias de ação que, como as de organização, têm caráter interdependente e dinâmico, não devendo ser formalizadas, mas sim desenvolvidas como instrumento para a realização de uma concepção de Orientação Educacional comprometida com uma prática pedagógica integrada global e abrangente, que considere a dimensão histórica e social do seu contexto, e contribua para a sua amplia-

---

3. A relação de ajuda constitui-se num processo de relacionamento interpessoal entre um profissional e outra pessoa, caracterizado pela facilitação de comunicação reflexiva mediante a qual essa outra pessoa é levada a compreender-se como pessoa e ser social, mediante reflexão sobre seus sentimentos, atitudes, anseios, potencial, etc. Trata-se de um processo solidário e empático mediante o qual o aluno passa a conhecer-se melhor e usar melhor suas emoções e seu potencial para o desenvolvimento, e o orientador educacional alcança melhor compreensão sobre o aluno, de modo a melhor apoiá-lo nesse desenvolvimento.

ção e transformação de modo a garantir sempre melhores e mais ricas experiências educacionais para seus alunos.

Considerando que o papel do planejamento é o de coordenar, articular e orientar a atuação da Orientação Educacional para promover resultados, de modo que sua atuação não seja realizada aleatoriamente, é fundamental que o orientador, em sua atuação de planejamento, tenha em mente os fundamentos e princípios da sua área de atuação, como também os da educação em geral. Nesse processo, os fins da educação e da Orientação Educacional considerados no contexto da sociedade são examinados criticamente e de forma contínua, dada a dinâmica dos movimentos sociais e da vida humana.

Quadro 1
Exemplos de fontes de referência sobre Orientação Educacional

ALVES, Nilda & GARCIA, Regina Leite (orgs.). **O fazer e o pensar dos supervisores e orientadores educacionais.** São Paulo: Loyola, 2004.
Trata-se de um conjunto de textos que relatam experiências de orientadores educacionais e supervisores pedagógicos. Ele traz experiências de trabalho conjunto da supervisão e Orientação Educacional, através do currículo, e atuação junto aos professores; experiências que relacionam a escola com a sociedade mais ampla e a vida cotidiana dos alunos, o trabalho educacional, assim como desafios específicos da ação desses profissionais.

GIACAGLIA, Lia Renata Angelini & PENTEADO, Wilma Millan. **Orientação Educacional na prática.** 5. ed. São Paulo: Thomson, 2006.
Orientação Educacional na prática é uma obra voltada para a realidade brasileira, visando à formação e ao melhor desempenho do orientador educacional. Fundamenta teoricamente o trabalho desse profissional e o apresenta com enfoque prático. Sistematiza teorias, legislação pertinente e as experiências, de décadas, das autoras que subscrevem os artigos apresentados, no exercício de funções e cargos diversos, em diferentes graus de ensino.

GRISPUN, Mírian P.S. Zippin (org.). **A prática dos orientadores educacionais**. 6. ed. São Paulo: Cortez, 2008.
O livro é constituído por um conjunto de artigos de diferentes autores, que apresentam desdobramentos do trabalho da Orientação Educacional no primeiro segmento do Ensino Fundamental; na promoção das relações interpessoais no interior da escola, da integração escola comunidade e da educação e trabalho. Também aponta para a adoção da fundamentação teórico-metodológica do construtivismo para fundamentar a Orientação Educacional.

MARTINS, Floriano & MARTINS, José do Prado. **Princípios e métodos de Orientação Educacional**. 2. ed. São Paulo: Atlas, 1992.
A Orientação Educacional é considerada como o desenvolvimento das relações interpessoais que envolvem os componentes da equipe escolar, as famílias e a comunidade. Propõe ao orientador educacional a estratégia de atuação que parte do estudo preliminar da realidade escolar e extraescolar e dos relacionamentos humanos existentes na escola e entre esta e a comunidade.

MURIBECA, Maria Lúcia Maia. **Orientação Educacional**: a contextualização de um caminhar. João Pessoa: Universidade Federal da Paraíba, 1999.
É apresentado estudo extensivo da Orientação Educacional, desde a sua contextualização na sociedade e na educação e sua definição na legislação educacional brasileira, assim como a sua evolução histórica ao longo das décadas. O trabalho tem uma conotação crítica de análise de posições e de possibilidade de desenvolvimento.

NERICI, Imidio. **Introdução à Orientação Educacional**. São Paulo: Atlas, 1992.
O trabalho apresenta as origens da Orientação Educacional, sua necessidade na escola, o papel do orientador educacional e o relacionamento da Orientação Educacional com as demais funções escolares. Também são apresentadas ações específicas, como por exemplo em relação a atividades extraclasse e o círculo de pais e mestres, sua especificidade nos diversos graus de ensino, a orientação vocacional, situações de intervenção da Orientação Educacional, técnicas de Orientação Educacional, avaliação da Orientação Educacional.

1
Significado do planejamento

Compreender o significado do planejamento representa condição básica para o envolvimento de forma efetiva no processo de planejar, de modo que se constitua em um processo de entendimento e apreensão claros do trabalho a ser realizado e de mobilização de vontades, energia e talentos para sua realização. Também o é para que os planos e projetos produzidos sirvam de fato, como devem servir, para orientar de modo efetivo ações educacionais comprometidas com a criação de ambientes educacionais competentes e seguros na promoção da formação e aprendizagem dos alunos, assim como para que os objetivos educacionais sejam realizados.

É fundamental ter em mente que, no exercício dessa compreensão, o estudo de conceitos tem a ver com a busca dos múltiplos desdobramentos e possibilidades percebidos sobre seu objeto de atenção, de modo a servir de esclarecimento e iluminação da caminhada que torna os caminhos mais efetivos e promissores. Por conseguinte, é esse o espírito com que são revisitados alguns conceitos do processo de planejamento.

Ao processo de planejamento são atribuídos significados diversos, segundo o enfoque e a ênfase com que o estudioso o aborda. Dessa forma, surgem diferentes conceitos que nos orientam na abordagem da problemática de planejar. É possível, no entanto, verificar que as variações apresentadas nos conceitos propostos de planejamento não os tornam mutuamente excludentes, mas, sim, complementares entre si, porque expressam, em última instância, uma preocupação única: a de que ações significativas sobre uma dada realidade sejam praticadas de forma sistemática, a partir de uma visão clara de sua necessidade, dos seus objetivos, e ordenadas de modo a obter o máximo de resultados com o melhor uso de recursos. Expressam, pois, uma orientação para a superação da ação improvisada e espontaneísta que se direciona por uma percepção limitada e parcial da realidade, assim como também tendenciosa, altamente subjetiva e direcionada por interesses estabelecidos emocionalmente e de caráter personalístico.

Como o planejamento é conceituado

Vejamos alguns *conceitos de planejamento* que identificam diferentes enfoques do processo de planejar. A identificação dos diferentes conceitos tem por objetivo levantar as perspectivas adotadas a respeito de seu entendimento, que podem ser combinadas a partir de diferentes possibilidades, muito mais do que o estabelecimento limitado de um deles como sendo o correto.

i) Um autor que se destaca dentre os demais no estudo e discussão sobre o planejamento, por explicitar a sua dimensão político-social, é Luckesi (1992), que – apoiando-se na lógica da intencionalidade do ato de planejar e vendo-lhe o papel de desvelar o oculto, esclarecer intenções e seus significados, pôr em evidência a relação entre meios e fins – assim propõe: planejamento é um ato ao mesmo tempo político-social, científico e técnico pelo qual se projetam fins e se estabelecem meios para atingi-los.

ii) Para Libâneo (2004), o planejamento é um processo de racionalização, organização e coordenação da ação educacional, articuladora da atividade escolar e a problemática do contexto social. Envolve o processo de reflexão, de decisões sobre o trabalho da educação e a sua articulação com a problemática social.

iii) Planejamento é visto por Fusari (1990) como o processo de reflexão radical, rigorosa e de conjunto, utilizado como meio para a democratização do ensino. Esse conceito apresenta certa afinidade com o anterior, uma vez que nele se pode depreender a dimensão político-social (democratização do ensino), a dimensão científica (rigorosa) e a dimensão técnica (de conjunto) de elementos envolvidos do conceito anterior. Este autor critica, de maneira clara e direta, a prática de planejar como o ato de formular planos, como se fosse o preenchimento de colunas em formulários previamente padronizados.

iv) O processo de reflexão é também evidenciado por Baffi (2005) que acrescenta a tomada de decisões sobre a organização e o funcionamento da proposta educacional. E esta reflexão é também evidenciada por Carneiro (2007) que indica corresponder o planejamento ao processo de refletir, de voltar atrás; de observar o que já foi feito, o que existe e o que planejar, a partir da realidade encontrada, e acrescenta que é tomar uma posição diante dessa realidade, para transformá-la – daí, pois, corresponder esse processo a um ato político de busca de cidadania e de construção de autonomia, ao decidir o que se quer e como conseguir o que se quer.

v) O planejamento é também entendido como visão antecipada de estágios mais avançados de desenvolvimento e de qualidade da instituição e previsão dos passos necessários para atingi-los (JULIATTO, 1991).

É importante destacar que, embora em grande parte dos conceitos de planejamento os aspectos técnicos e de racionalidade sejam ressaltados, mediante a evidência das questões de definição de objetivos, de metas e de recursos para a sua efetivação de maneira eficiente, nem todos dão a entender a desconsideração da dimensão política, que privilegia a tomada de decisão reflexiva, a análise abrangente e o questionamento do contexto em que se dá o processo educacional e seus desafios do ponto de visto social, mediante a coerência e consistência com os princípios democráticos e de realização de educação libertadora.

Segundo uma descrição mais específica e analítica, o planejamento é conceituado como processo de estruturação e organização da ação intencional, realizada mediante:

• análise de informações relevantes do presente, do passado e prospecção do futuro, objetivando, principalmente, o estabelecimento de necessidades a serem atendidas, sendo estas, preferencialmente entendidas em relação ao seu contexto social;

- estabelecimento de estados e situações futuros, desejados, e definição de objetivos e metas para atendê-los, sendo importante a sua formulação com capacidade de orientar com segurança a sua consecução;

- previsão de estratégias, métodos e recursos necessários ao estabelecimento desses estados, condições e situações desejados, formulados como objetivos e metas e de tal maneira que sejam coerentes e consistentes;

- escolha e determinação de uma linha unitária de ação capaz de produzir os resultados desejados, de forma a maximizar os meios e recursos disponíveis para alcançá-los, garantindo o uso racional de recursos;

- definição clara e específica do tempo necessário para a execução das ações propostas e de comprometimento do emprego desse tempo aos esforços de implementação do plano ou projeto.

Esses aspectos depreendidos dos conceitos examinados podem ser representados graficamente como segue na Figura 3.

Figura 3
Conceito de planejamento

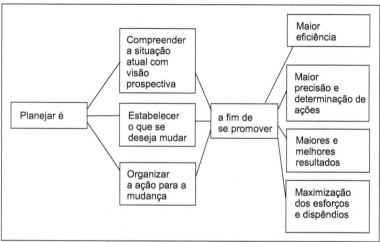

Em *Planejamento como prática educativa*, Gandin (2007, p. 19-20) destaca os seguintes pontos essenciais do planejamento – e que representam, na medida em que são atendidos na sua prática, as suas grandes contribuições para a educação. Segundo ele planejar é:
- "transformar a realidade numa direção escolhida;
- organizar a própria ação;
- implantar um processo de intervenção na realidade;
- agir racionalmente;
- dar certeza e precisão à própria ação;
- explicitar os fundamentos da ação do grupo;
- pôr em ação um conjunto de técnicas para racionalizar a ação;
- realizar um conjunto orgânico de ações, proposto para aproximar uma realidade a um ideal;
- realizar o que é importante (essencial)."

Elementos básicos do planejamento

O processo de planejamento, conforme evidenciado em seus diversos conceitos, de forma explícita ou implícita, é realizado mediante certos *elementos básicos comuns*, componentes de um processo mental reflexivo único e global. Esses elementos são racionalidade, visão de futuro e tomada de decisão. Os mesmos são interdependentes entre si e, na realidade do processo educacional, ocorrem de maneira indissociável, uma vez que um elemento é contido no outro, ao mesmo tempo que o contém. Para fins didáticos, porém, os mesmos são aqui analisados em separado, para que se compreenda os seus desdobramentos específicos e as suas peculiaridades. É importante ter claro que, mesmo que o conceito não explicite esses elementos, eles se fazem presentes no processo de planejar.

Racionalidade
Racionalidade está ligada ao ato de tornar reflexivo e empregar o raciocínio para resolver problemas. Trata-se de uma operação mental complexa que consiste em estabelecer rela-

ções entre elementos e dados e que envolve comparar, discernir, calcular, ordenar, estabelecer relações, julgar, levantar hipóteses sobre cursos de ação, de modo a compreender a realidade e, no caso do planejamento, tomar decisões sobre as melhores alternativas de ação. Eis por que grande parte dos conceitos de planejamento destacam o fato de corresponder a um processo de reflexão, segundo princípios metodológicos científicos. Da racionalidade resulta a coordenação, o sistema, a ordem, a busca de unidade.

Em determinada época histórica e em certos contextos, a aplicação da racionalidade no estudo e no direcionamento das ações humanas produziu um desdobramento conceitual reducionista e mecanicista segundo o qual, racionalizar significa tornar mais eficiente uma ação mediante a adoção de método científico orientado pela fragmentação[4]. Desse enfoque surgiu um modelo de racionalização do trabalho pelo qual se busca a simplificação de tarefas e movimentos, para obter maiores rendimentos, com menor esforço e menores gastos. Esse modelo, desenvolvido por Taylor e Fayol (SILVA, 1987), analisa as ações humanas de forma simplificada e fragmentadora, desconsiderando as relações dinâmicas da realidade e os processos humanos e sociais envolvidos, o que resulta na operacionalização reducionista e descontextualizada do trabalho.

Esse enfoque, efetivamente, não é útil para orientar o trabalho sobremodo complexo da dinâmica social da educação. Em vista disso, ele é alvo de críticas à luz de uma concepção de educação globalizadora e transformadora. É criticável no planejamento, o exagero do emprego míope da racionalidade, que realiza recortes da realidade, de acordo com as conveniências, criando-se, dessa forma, lógicas particularistas que escamoteiam intenções muitas vezes pouco legítimas, do ponto de vista do interesse coletivo e social.

---

[4]. Esse método científico é o positivista, segundo o qual a realidade é considerada como regular, estável e permanente, de que resulta vê-la por partes, isolando-as. Ver a explicitação desse paradigma em LÜCK, Heloísa. **Gestão educacional**: uma questão paradigmática. Petrópolis: Vozes.

É criticável também, no planejamento, o exagero do emprego da racionalidade, mesmo que mais abrangente, quando é dada muita ênfase à coerência interna dos elementos dos planos produzidos, em detrimento da coerência de seu conteúdo com a realidade sobre a qual se propõe atuar. Alerta-se, portanto, para o fato de que não se deve, na busca de uma objetividade cada vez maior, formalizar e reificar a racionalidade, como se ela tivesse um valor inflexível e rígido em si própria. Como a realidade é dinâmica e flexível, o processo mental que busca conhecê-la também é constituído por essas características, de modo a ser capaz de absorvê-las.

O papel da racionalidade não é o de transformar a realidade em abstrações como tendo valor por si mesmas, sejam elas reducionistas, idealizadoras ou equilibradas. Seu papel é orientar compreensões possíveis da realidade, mediante aproximações plausíveis e esclarecedoras de fatos e circunstâncias e motivadoras das propostas de ações para criar condições superiores e mais favoráveis. Portanto, o que importa não é a racionalidade em si, mas a racionalidade em ação que, por sua dinâmica, ao mesmo tempo que revela, esconde, sendo assumida pela não racionalidade (REGNER, 2002).

Evidencia-se que o papel da racionalidade, isto é, dos métodos racionais de conhecimento e intervenção sobre a realidade, é contribuir para o desenvolvimento do ser humano e libertá-lo dos empecilhos que cerceiam e limitam esse desenvolvimento, de modo que possa construir sua autonomia e autodeterminação. Não é, pois, pelo seu exagero, pela sua redução e distanciamento da realidade como um valor em si mesma, que se poderá construir planos que sejam capazes de orientar e motivar ações promissoras em educação.

No entanto, é importante ter em mente que, ao se rejeitar e combater os enfoques simplificadores e extremados da racionalização, não se pode negar o princípio da racionalidade em seu sentido maior. Fazê-lo corresponderia a matar o doente para livrá-lo da doença. A racionalidade é a dimensão que caracteriza a própria natureza humana, e que possibilitou o desenvolvimento da civilização ou da "hominização", como é afirmado por Morin (1985). Vale dizer que, sem racionalização, não se constitui a sociedade humana e sua fenomenal dinâmica transformadora de si mesma.

Cabe lembrar, ainda, que o desenvolvimento das sociedades, das instituições, das pessoas, está, por sua vez, associado ao uso criativo, adequado e consequente dos recursos, das oportunidades e das circunstâncias que contextualizam as ações humanas, e sobretudo do talento humano, o que é garantido pelas faculdades da razão. Mediante processos racionais de análise, síntese, discernimento, comparação, inferência, relacionamento, ordenação, formulação de hipóteses, dentre outros processos mentais, é possível conhecer melhor a realidade e tomar decisões melhor fundamentadas e mais objetivas, controlando-se, dessa forma a tendenciosidade, o espontaneísmo, o senso comum e o amadorismo. Por outro lado, é importante alertar para o fato de que o papel do planejamento não é o de controlar a realidade, pois isso não é adequado, sob pena de se construir condições conservadoras; como não se pode fazê-lo continuamente, uma vez que suas forças dinâmicas provocam uma reação. O que se pode e se deve fazer com o planejamento é antecipar o seu movimento de desenvolvimento e construir e mobilizar as condições para tal fim.

A racionalidade corresponde, portanto, ao uso da lógica, ao processo mental de arrazoar, refletir, inferir, deduzir, pelo qual se compreende a dimensão e a natureza das questões observadas, e se estabelece linhas e processos de ação adequados. Reconhece-se que problemas simples[5] demandam soluções simples e limitadas à sua natureza e que, por outro lado, problemas complexos demandam soluções complexas, capazes de envolver de forma articulada e interativa, o seu conjunto e a sua dinâmica. Quando a racionalidade é empregada às questões simples, ela é muitas vezes entendida como um produto e não um processo mental, como, por exemplo, o uso racional dos bens. Sabe-se

---

5. Os problemas simples dizem respeito a questões operacionais e rotineiras, que não envolvem múltiplos significados e não estão sujeitas a múltiplas interpretações.

que essa racionalidade é desejável, mesmo porque o desperdício não é ecológica e nem economicamente correto e também não serve ao desenvolvimento. Porém essa racionalidade não é um fim em si mesma. Pode-se afirmar que todas as questões, por mais simples que sejam, fazem parte de um contexto ou objetivo maior e que, portanto, relacionam-se a um todo complexo. Por conseguinte, a racionalidade está a serviço da natureza da situação problema enfocada, o que implica na adoção de método de acordo a sua natureza, porém, sempre, com o enfoque de lógica e processo mental.

As circunstâncias de tempo e de espaço são, por exemplo, fatores importantes a serem considerados nas ações. Tempo, espaço, energia, recursos outros, são bens limitados que devem ser usados com discernimento, parcimônia e pertinência, a fim de que sejam adequadamente aproveitados e estendidos os seus benefícios em favor do desenvolvimento da qualidade geral de vida. Logo, adotar a racionalidade para o bom uso desses recursos, como valores a serviço do desenvolvimento humano é preocupação que interessa ao orientador educacional, na busca de oferta de experiências educacionais promissoras para a formação de seus alunos.

Cabe destacar que, diante de problemas complexos, que demandam soluções complexas, o planejamento envolve um conjunto muito grande de decisões que são tomadas de forma encadeada, dado que uma conduz à outra.

> "Penso, logo existo" (*Cogito, ergo sum*).
> René Descartes

Visão de futuro

Visão de futuro é vislumbrar o que não está presente no cotidiano, mediante processos racionais (BAFFI, 2002), é divisar e ensaiar o futuro, mediante uma ótica do "dever ser" (GANDIN, 2007). Ela corresponde à própria natureza do planejamento como processo de identificação de onde se está, para onde se deseja ir e as condições para se chegar lá. Isso porque o planejamento, embora leve em consideração o passado e o presente, tem como ponto de partida e de orientação superá-los, pela construção de uma realidade futura de sentido melhor, que se constitui em uma preocupação marcante do ser humano. Vários conceitos de planejamento traduzem explicitamente o seu sentido de, no presente, antecipar situações e condições futuras desejáveis e promover a mobilização do esforço para tal fim. Isso é destacado com frequência nas diversas áreas do empreendimento humano social.

A orientação desenvolvimentista focada no futuro faz parte da natureza humana e se constitui, aliás, no próprio sentido da educação, cuja finalidade maior é contribuir e orientar para o desenvolvimento integral dos educandos, de modo que os mesmos possam contribuir para o desenvolvimento da sociedade da qual fazem parte. O vir a ser e o desenvolvimento são alguns conceitos que representam essa tendência humana. Dessa forma, ações, vidas e instituições positivas são aquelas que se orientam por uma visão de futuro que, por si só, transforma o presente, por seu poder inspirador e motivacional, dando-lhe o ímpeto de direcionamento, de construção, de missão. Portanto, o futuro faz parte do presente alimentando-o[6].

Uma acentuação dessa perspectiva de futuro ocorreu a partir da aproximação, com o ano 2000, de um novo século. Países e instituições organizaram-se no sentido de antecipar as características do novo milênio e de não só se preparar, mas, sobretudo, participar de um grande movimento de atualização e inovação. Chegaram a ser instituídas múltiplas comissões e grupos de estudo, foram fundados comitês, departamentos e secretarias com esse fim. Desse processo resultou a aceleração de mudança que geraram, por sua vez, novas possibilidades de mudança, criando um movimento de inovação em cadeia.

Nesse ambiente, os avanços científicos e tecnológicos e a explosão de informações e conhecimentos produzidos, continuamente renovados, têm contribuído para que o mundo passe a ser

---

[6]. A propósito, podemos lembrar os versos de Vicente de Carvalho: "Só a leve esperança, em toda a vida, / Disfarça a pena de viver, mais nada". Do soneto Felicidade, em: www.anchietanum.com.br/site/xtBaixar – Acesso: 24/07/09.

caracterizado como uma sociedade global em que ocorre a aceleração de mudanças e intensa interatividade de todas as ordens, inclusive a de aproximar o futuro ao presente. A possibilidade de se ter, em tempo real, conhecimento do que acontece nos centros mais avançados provoca no mundo todo uma perspectiva de se conhecer referências diferenciadas de atuação, de reconhecimento de novos horizontes, e percepção de uma nova realidade e uma nova perspectiva de vida, com grande impacto sobre os atuais costumes e práticas.

Esse quadro aponta para o fato de que a explosão de informações e de conhecimentos tecnológicos e científicos não só tornam a sociedade mais complexa, mas também provocam e condicionam o desenvolvimento de maior complexidade. Diante dessa situação, a conservação de práticas orientadas pelo hábito, e pelo modo vigente costumeiro de fazer as coisas, evidencia-se como sendo extremamente limitada e caracterizada pelo desperdício dos esforços educacionais. A perspectiva da realidade dinâmica, que já está marcando uma série de transformações globais na sociedade, demanda que esta sociedade, suas instituições e pessoas se transformem e sejam transformadoras e que tenham uma organização mais ágil, flexível e orientada pela perspectiva de futuro, a fim de que, no contexto inevitável do seu movimento, não venham a ser apanhadas despreparadas e incapazes de aproveitar da sua propulsão e da energia desse movimento.

A ótica futurista focaliza, portanto, de forma prospectiva, o sentido acelerado do complexo de mudanças localizadas nos diversos segmentos da sociedade e que vêm, em conjunto, a condicionar e promover transformações significativas na sociedade como um todo, o que, por sua vez, dado o seu caráter percuciente, vem a demandar esse mesmo processo em todos os seus segmentos.

Em face dessas circunstâncias, compete ao orientador educacional observar e questionar: Como se apresenta a escola em relação a esse movimento? Em que medida dele participa e o acompanha? Como prepara seus alunos para dele participar? Como é promovida a renovação da Orientação Educacional para ser efetiva nesse movimento? Pode-se afirmar, no contexto da corrente de mudanças em curso, que, no âmbito da escola, deve ocorrer uma transformação rápida, no sentido de não apenas e tão somente acompanhar as mudanças e transformações que ocorreram e ocorrem no mundo, mas também de preparar os seus alunos para enfrentar os desafios dessa corrente. Essa condição torna-se uma demanda cujo atendimento significa não apenas o cumprimento da sua finalidade de preparação de seus alunos para a cidadania e vida produtiva na sociedade, como também de garantia de sua própria sobrevivência como instituição socioeducacional. Por consequência, não se pode, em educação, deixar de considerar como de extrema importância a perspectiva de futuro que o planejamento apresenta, a qual define o alcance dos objetivos.

> Planejar representa impregnar o presente de uma visão de futuro possível e mobilizar as condições para realizar essa visão.

Tomada de decisão

A tomada de decisão é o processo pelo qual são escolhidas uma ou mais alternativas entre muitas para as ações a serem realizadas em um curso de ação, mediante processo de análise de probabilidade de que possa promover os resultados esperados. Portanto, fazer uma escolha pressupõe um processo racional e cuidadoso de observação e reflexão envolvendo identificação, localização, dimensionamento, descrição, explicação, análise, comparação, discernimento, diferenciação, inferência, formulação de hipóteses, dentre muitos processos mentais, em superação à tomada de decisão errática, realizada com base em opinião ou sugestão ou impressão genérica e vaga.

A tomada de decisão é que respalda a construção do futuro segundo uma visão daquilo que se espera obter. Na medida em que estamos insatisfeitos com o nosso presente, com a nossa realidade tal como se apresenta, somente poderemos vir a ter uma situação diferente, caso tomemos uma decisão a respeito da construção dessa situação desejada. Por outro lado, é importante reconhecer que o que somos e o que temos no presente são, em grande parte, condições resultantes de nossas decisões passadas que, muitas vezes, foram tomadas sem muita clareza da situação, sem informações adequadas, sem muita determinação e compromisso pela sua implementação, dentre outros aspectos limitantes.

Tomamos decisões todos os dias de nossa vida. Porém, muitíssimas de nossas decisões, sejam profissionais, sejam pessoais, são tomadas impensadamente. Muitas vezes, elas são "decisões tomadas por falência", isto é, ocorrem de última hora, quando não se tem mais tempo para conhecer melhor a realidade e as implicações de se adotar diferentes cursos de ação. Diante da necessidade de tomarmos uma decisão, deixamos muitas vezes o tempo passar até o momento em que as circunstâncias se encarregam de desgastar as alternativas possíveis e que, em consequência, acabam por determinar um único rumo possível de ação. Cabe destacar que, diante de tal procedimento, abdicamos da nossa responsabilidade e do privilégio que temos de utilizar o livre-arbítrio de que somos dotados e que nos permite qualificar nossas ações e obter melhores resultados.

A tomada de decisão não é, pois, uma simples conjectura ou expectativa do que se deseja ser ou obter, como, por exemplo, de emagrecer a partir de um regime que se propõe começar na segunda-feira, que é sempre a próxima; ou, ainda, de melhorar a condição de saúde apenas a partir da compra dos medicamentos prescritos pelo médico, sem o esforço de os tomar, mesmo que desagradáveis. A tomada de decisão corresponde, antes de tudo, ao estabelecimento de um compromisso de ação para a realização de objetivos, sem a qual o que se espera não se converterá em realidade. Cabe ressaltar que esse compromisso será tanto mais sólido, quanto mais fundamentado em uma visão crítica da realidade na qual nos incluímos e uma visão de futuro, capaz de fecundar no presente uma condição desejável.

Tomar decisões implica, portanto, no compromisso decidido de tornar concretas as situações vislumbradas no plano das ideias, estabelecidas mediante cuidadosa e objetiva análise da realidade e perspectivas de sua melhoria. Por conseguinte, a tomada de decisão, ao expressar o compromisso efetivo com a transformação da realidade, evidencia o sentido político da ação. E é esse sentido que exige a responsabilidade da análise racional e objetiva da realidade, de modo a superar a percepção de senso comum, simplista e reducionista, que torna inócua a tomada de decisão ou as ações tomadas a partir dela. Sem essa análise, corre-se o risco de agir por agir, de praticar ações de alcance limitado e até mesmo de promover ações cujos resultados sejam adversos ao esperado. Vale dizer que a tomada de decisão está calcada, sobretudo, na competência de quem planeja, que envolve compromisso (dimensão política), capacidade racional (dimensão cognitiva) e impulso para a ação (dimensão social).

É importante ainda reconhecer que muitas decisões são tomadas a partir de uma impressão vaga e genérica da realidade, de caráter intuitivo. Não se pretende com essa afirmação desmerecer a intuição no processo de tomada de decisão, planejamento e implementação de respectivas ações. O que se pretende é evidenciar que ela, por si só, não permite realizar ações sólidas, amplas e profundas, tendo em vista o seu caráter genérico. Mas cabe destacar que ela é importante em um processo de reflexão lógica, racional e analítica, assim como o são a imaginação, a criatividade, a originalidade e o sempre presente julgamento subjetivo (o que coloca a todos que emitem julgamento em posição de responsabilidade). A potencialidade da tomada de decisões é aumentada por essa associação que permite a compreensão, ao mesmo tempo aprofundada e globalizante, da realidade e de si mesmo, como parte dessa realidade analisada, mais em acordo com as condições concretas da realidade. Esse processo está associado ao esforço de limitar e controlar os estados de dúvida, de incerteza, de hesitação, que acompanham o enfrentamento de situações complexas – embora nunca se consiga um resultado completo do efeito desejado.

Sabe-se que toda decisão tem em seu conteúdo a perspectiva de quem a toma, e que, quanto mais acentuada for essa perspectiva, mais tendenciosa e unilateral será a decisão tomada. Conclui-se, em consequência, a necessidade de que sejam adotados certos cuidados para superar essa limitação: i) contínua vigilância e segura compreensão do orientador educacional sobre seu modo de ver e interpretar a realidade, que se deve manifestar de forma transparente, com o cuidado de controlar o efeito de vieses e possíveis preconceitos; e ii) envolvimento dos demais participantes do processo educacional na compreensão da realidade, seus desafios e perspectivas e na respectiva decisão sobre os rumos a tomar. Para essa decisão é necessário que seja: i) tomada de forma participativa (planejamento participativo); ii) baseada em informações ao mesmo tempo abrangentes e detalhadas sobre a realidade, coletadas criteriosa e cuidadosamente; iii) interpretadas mediante contínuos testes de sua adequação.

Embora se deva tomar decisões a partir de uma racionalidade que propicie a sua objetividade, em superação às impressões e opiniões, é importante reconhecer que elas dificilmente são de todo objetivas, uma vez que nem sempre os tomadores de decisão detêm, sobre o objeto de atenção, todas as informações ou as recebem isentas de viés, em cujo caso adotam a intuição como para ajudar em sua decisão. Portanto, as decisões que orientam o planejamento não são definitivas, podendo ser alteradas durante as ações de implementação, diante de novos fatos, interpretações e situações. Logo, fatores que extrapolam a capacidade de previsão dos tomadores de decisão podem alterar até mesmo drasticamente o quadro das decisões tomadas, gerando, em consequência, a necessidade de alterá-las.

> Tomar decisões implica em antecipar um futuro plausível e desejável e criar um plano para implementar essa visão.

Racionalização, tomada de decisão e visão de futuro

Racionalidade, tomada de decisão e visão de futuro constituem, pois, um processo único que orienta a ação dos grupos sociais na determinação do caminho a seguir e na disposição das condições para favorecer o percurso do caminho com mais proveito e maior efetividade. Esses elementos contribuem para a formação de uma imagem mental a respeito da realidade a ser construída, assim como das condições necessárias para essa construção e da autopreparação pelos que planejam para realizá-la. Na base de todas as decisões que tomamos e de nossas realizações está a forma como pensamos o nosso papel em relação às mesmas; a maneira como pensamos, como enfrentamos nossas adversidades, como nos portamos diante dos problemas e encontramos as soluções necessárias para superá-las. A propósito, cabe lembrar a máxima corroborada tanto pela psicologia, como pela neurociência, de que "somos o que pensamos", isto é, que nossos pensamentos determinam o que fazemos, como fazemos e o que escolhemos fazer e ser. Portanto, determinam nossa visão de mundo e de futuro. Conforme indicado por Martins (2009), citando O'Donell: "Se tenho pensamentos positivos, movo-me numa direção positiva. Se tenho pensamentos negativos, movo-me numa direção negativa. Se não tenho nenhum pensamento, não vou a lugar nenhum".

Racionalidade, visão de futuro e tomada de decisão são resultantes da capacidade pessoal e profissional dos envolvidos no processo e não ultrapassam o seu modo de ser pensar, ser e fazer, assim como são diferentes de sua percepção de mundo, de seu papel na educação e na escola, sua orientação mental e psicológica em relação às dificuldades e desafios.

Cabe lembrar, usando de metáforas, que "não há vento favorável para quem não sabe a direção a seguir"; que "é a disposição das velas, e não a força da ventania, que determina aonde se pode chegar"; e que "um barco desmontado não sai do porto". Praticado com perseverança, persistência e determinação, ao mesmo tempo em que, com discernimento, perspicácia e flexibilidade do espírito aberto, esse processo, por certo, pode evitar o traiçoeiro canto das sereias da burocratização e das autojustificativas alienantes que levam a se planejar como mera formalização do trabalho, ou como prática de elaboração de planos e de projetos que se constituem em repositórios de uma abstração sem efetivo compromisso com a transformação da realidade.

> Planejamento é o processo oposto da improvisação e da ação aleatória, realizado mediante reflexão e análise racional de todas as circunstâncias envolvidas num processo de intervenção e inovação.

Planejamento como processo mental

Ao evidenciarmos que o eixo central e condutor do planejamento é um processo racional e reflexivo, fica claro que sua efetivação requer a aplicação de processos mentais múltiplos, diferentemente do entendimento distorcido, embora comumente manifestado, de que planejar corresponde à elaboração de planos e projetos.

Sobre essa distorção, Fusari (1990) aponta ser comum, embora limitada e negativa, a concepção, entre os educadores, de que planejar corresponde à elaboração do documento denominado plano ou projeto, segundo a qual "o planejamento tem-se reduzido à atividade em que o educador preenche e entrega à secretaria da escola um formulário"(FUSARI, 1990, p. 45). Destacamos que embora seja não só importante como imprescindível, o delineamento por escrito de um plano, de modo que a complexidade do processo educacional seja adequadamente explicitada e que possa haver consistência de entendimento, orientação e ação por todos os envolvidos, esse documento não corresponde ao seu único e principal produto. Um produto importantíssimo é o exercício de processos mentais, que corresponde à própria natureza do planejamento que é a racionalidade e a reflexão.

O processo de planejamento se constitui, pois, na contínua aplicação de processos mentais no sentido de:

i) conhecer a realidade em suas múltiplas dimensões;

ii) suas características fazerem sentido;

iii) compreender as interações dessas características entre si e relações com um contexto mais amplo;

iv) levantar hipóteses e conjecturar sobre possibilidades de diferentes cursos de ação;

v) avaliar cursos e alternativas de ação, dentre outros.

Esses processos são contínuos e ocorrem antes, durante e depois da elaboração de planos, assim como antes, durante e depois de sua implementação e avaliação. Portanto, planejar não consiste, em última instância, em produzir planos ou projetos; não se trata, por conseguinte, de um procedimento estanque, prévio à realização de uma determinada ação consubstanciada num plano ou projeto, embora seja nessa fase mais acentuado. É, na verdade, um processo mental, dinâmico, contínuo e complexo, realizado antes, durante e após a realização de intervenções sistematizadas e orientadas para a consecução de resultados. A observação, a comparação, a diferenciação, a ordenação, a inferência, a interpretação, a especificação, a descrição, são algumas das habilidades mentais que fazem parte desse processo.

A ativação de processos mentais dos envolvidos no planejamento proporciona a estes a possibilidade de ponderação, estudo, deliberação, que os mantém mentalmente vinculados à realidade em foco, condição para seu comprometimento com a mesma. Mentalmente nela conectados, sua vinculação com as práticas de transformação torna-se mais efetiva, mobilizando-os, desde então, para a sua implementação. Dentre as operações mentais que são formalmente apontadas como as estruturais do planejamento, destacam-se as de identificação, análise, previsão e decisão a respeito do que, por que, para que, como, quando, onde, com quem e para quem se quer promover uma situação nova, em relação a dada realidade. Essas operações mentais estruturais são comumente identificadas como correspondentes a fases do planejamento, a saber: i) identificação de necessidades; ii) análise de situações e de alternativas de ação; iii) previsão de situações futuras e estabelecimento de objetivos; iv) decisão e determinação de processos que melhor realizem os objetivos. Em decorrência dessa correspondência, são comumente representadas tal com na Figura 4 apresentada a seguir.

Figura 4
Operações mentais envolvidas no planejamento

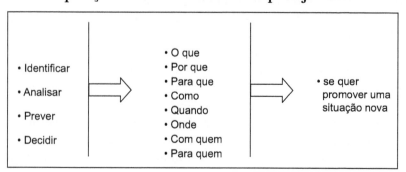

O conjunto das operações mentais estruturais diretamente vinculadas ao planejamento para orientar o entendimento de suas particularidades e especificá-las é delineado, comumente, mediante a organização lógica linear e sequencial apresentada na Figura 4, como se fossem fases consecutivas do planejamento. Com essa representação resulta, no entanto, o risco de se perder a noção de processo interativo de múltiplas relações entre os diferentes processos mentais e aspectos envolvidos, isto é, de dinamicidade, de circularidade e de reciprocidade entre cada um de seus elementos.

Reconhecido este aspecto, e em vista dele, ao se planejar, não se deve considerar de forma isolada cada uma das operações e os aspectos por elas abrangidos. É importante reconhecer que, sendo a realidade una, as separações são desdobramentos de seus diferentes aspectos detectados individualmente, tendo em vista nossas próprias limitações de organização lógica no processo de conhecer. Como tal, elas são abstrações e aproximações simplificadas de fragmentos dessa realidade e não ela mesma em sua plenitude. Para superar essa limitação, o que se deve fazer é o esforço por vislumbrar uma interação dinâmica entre as operações de identificar, analisar, prever e decidir, segundo o princípio de que uma operação implica e condiciona a outra. Com o mesmo ponto de vista, deve-se ter em mente os objetos das operações mentais, isto é: o que, por que, para que, como, quando, onde, com quem, para quem promover um dado programa ou ação, de tal forma que, ao se alterar qualquer aspecto de um deles, necessariamente, deve-se alterar os demais. Procura-se, na Figura 5, representar essa circularidade e dinâmica do processo.

Figura 5
Interação dos processos mentais e de seus objetos no processo de planejamento

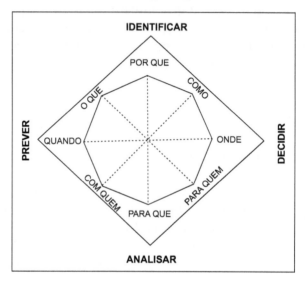

Como ação mental, o processo de planejamento apresenta condições de voltar-se para ele mesmo, além de voltar-se para seu objeto de estudo e transformação. Em vista disso, o orientador educacional, ao planejar, deve identificar, analisar, prever e decidir a respeito de seu próprio processo mental, seus pressupostos e orientações. Vale dizer, deve continuamente revisar sua estrutura e funcionamento mental, sua ótica orientadora da observação da realidade, seus valores, e sua capacidade crítica, visando alargar seus horizontes mentais e superar eventuais limitações.

Como ação mental, o processo de planejamento é contínuo e interativo. Dessa forma, enquanto analisa a realidade, faz interagir mentalmente concretude e abstração; enquanto identifica possibilidades de ações futuras, já as constrói mentalmente no presente e estabelece a predisposição para envolvimento em sua prática, fazendo interagir presente e futuro, enquanto decide sobre circunstâncias de espaço, necessariamente considera as de tempo, e, enquanto focaliza os sujeitos de seu trabalho, define os agentes do mesmo, face às características congeniais.

> Planejar é pensar analítica e objetivamente sobre a realidade e sobre a sua transformação.

Planejamento, plano e projeto

Registra-se, muitas vezes, o emprego inadequado de termos vinculados ao planejamento, que estabelecem incompreensões sobre o sentido e o alcance desse processo. Nessa confusão, comumente, o termo planejamento é empregado como sinônimo de plano, o que escamoteia e desconsidera o ato de planejar. Como todos sabemos que as incompreensões e confusões conceituais levam ao desvirtuamento dos posicionamentos e ações correspondentes ao objeto em atenção, a elucidação a respeito da lógica e da perspectiva como o mesmo é observado é fundamental.

Portanto, esclarecer a diferença entre o significado dos termos em questão constitui-se em condição importante para evitar tais incompreensões. Eis, pois, os esclarecimentos básicos:

Planejamento corresponde ao processo de planejar, constituindo-se no desempenho, na realização e na aplicação do processo de prever, decidir, organizar. O *planejamento* é um processo, uma dinâmica mental, enquanto que *o plano e o projeto* são um produto, um documento, ou, metaforicamente falando, um mapa de orientação para viagem. Portanto, enquanto planejamento corresponde a ação, plano e projeto correspondem a simples registros que permanecem como letra morta, caso não sejam ativados a partir de compromisso para sua implementação.

Plano e projeto são, portanto, os documentos, as descrições resultantes do planejamento e especificadoras das decisões tomadas e do curso de ação a seguir. Denomina-se *plano*, comumente, a descrição de larga abrangência, em termos da problemática abordada e do tempo envolvido em sua abordagem. *Projeto* costuma corresponder à descrição de abrangência menor.

Os *projetos* em geral são eventuais[7], abrangem tempo limitado e abordam problemáticas específicas. Já os *planos* tendem a abranger período maior de tempo, vindo a caracterizar-se em planos anuais, bianuais, quadrienais, quinquenais e abordando problemática ampla, de forma global e integrada. Dada essa característica, pode-se dizer que os planos apresentam aspectos mais genéricos e abrangentes sobre a realidade e sobre as ações a serem desencadeadas e os *projetos* detalham esses aspectos. Portanto, projetos pressupõem planos.

> Planejar representa dar unidade, integridade e direcionamento às ações educacionais, iluminadas por visão consistente e congruente da realidade, fundamentada em ideário educacional sólido, secundado por métodos e condições apropriados.

A Figura 6. a seguir mapeia as funções a que o planejamento serve.

---

[7]. Diferentemente desse entendimento comum no âmbito da literatura sobre o planejamento, a Lei 9.394/96 faz referência, no seu artigo 14, ao *projeto pedagógico* da escola, com um caráter amplo de organização global da ação educacional da escola. Essa terminologia está amplamente disseminada, apesar de os artigos 12 e 13 se referirem mais de uma vez à *proposta pedagógica*.

Figura 6
Funções do planejamento

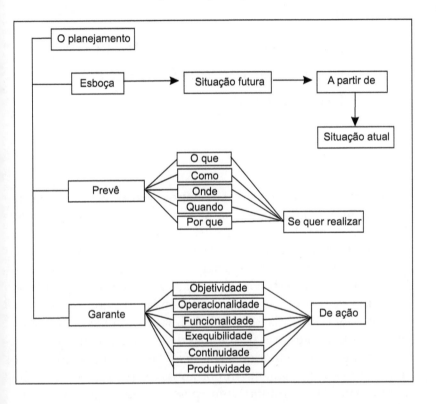

2
Necessidade e importância do planejamento em Orientação Educacional

Na realidade dos sistemas brasileiros de ensino, tanto estaduais como municipais, observa-se a ocorrência de um conjunto de situações, em geral associadas entre si, que têm provocado, e até mesmo reforçado, a criação e a manutenção de uma representação distorcida e negativa da Orientação Educacional, como sendo essa área incapaz de contribuir para a melhoria da qualidade do ensino de forma integrada no desenvolvimento proposto no projeto educacional da escola. Essa imagem tem servido como justificativa, por gestores de sistemas de ensino, para que deixem de criar vagas de orientadores educacionais para suas escolas, em detrimento ao atendimento importantíssimo das necessidades de desenvolvimento dos alunos como pessoas, conforme já anteriormente apontado. No caso dos orientadores educacionais em atuação, essas circunstâncias tiram o foco do orientador educacional ao seu trabalho, enfraquecem o seu poder de atuação e desvirtuam os seus resultados. Algumas dessas situações, que serão analisadas a seguir, parecem, a princípio, invalidar qualquer possibilidade de o orientador educacional planejar seu trabalho e são usadas por esse profissional como justificativa para não fazê-lo. No entanto, a sua própria ocorrência exige que a Orientação Educacional seja planejada, como forma de se agir no sentido de se contrapor a elas e de estabelecer um caráter sistemático, organizado e consistente em relação ao seu foco e responsabilidade de ação. Dentre essas situações destacam-se: i) descontinuidade e falta de sistematização da atuação da Orientação Educacional; ii) diluição de atuação dos orientadores educacionais; iii) desconhecimento do significado e perspectiva de atuação do orientador educacional; iv) falta de transparência e de divulgação dos resultados do trabalho dos orientadores educacionais.

- **A permanência e a atuação da Orientação Educacional nas escolas tem sido descontínuas e seu trabalho tem sido assistemático.**

A descontinuidade e a falta de sistematização da atuação do orientador educacional nas escolas é devida, em grande parte, à falta de consistência no entendimento por gestores de sistemas de ensino, no âmbito macro, sejam estaduais, sejam municipais, à necessidade de uma política educacional que privilegie a formação do aluno como pessoa e que demandaria o trabalho da Orientação Educacional. Destaca-se que essa formação e a existência desse profissional na escola são propostas na Lei de Diretrizes e Bases da Educação Nacional (Lei 9.394/ 96) que, em seu art. 2, estabelece o sentido da educação para contribuir para o pleno desenvolvimento do educando e, no art. 64, em que trata da formação dos profissionais da educação, refere-se aos profissionais da área da Orientação Educacional. Estes gestores têm deixado de tomar as medidas necessárias tanto para alocar orientadores educacionais nas escolas quanto para promover a organização e acompanhamento desse trabalho nos estabelecimentos de ensino, onde eles atuam, de modo que seu desempenho ocorra de forma contínua e organizada.

A alocação de orientadores educacionais nas escolas tem, pois, estado sujeita, muito mais ao sabor das variações de percepção de governantes e de gestores de escola que aos interesses educacionais de formação plena dos alunos e de uma política educacional consistente para essa formação. Vale dizer, a situação da Orientação Educacional em condições como essas fica à deriva e indefinida por falta de planos globais de Orientação Educacional no sistema e, consequentemente, nas escolas, de modo a associar intimamente a área à política global de educação em âmbito macro e micro.

- **O orientador educacional é comumente solicitado a realizar múltiplas tarefas que não dizem respeito, diretamente, à Orientação Educacional.**

Atendimento a situações de emergência de diversas ordens, controle de disciplina, distribuição de merenda e de materiais escolares, substituição a professores faltosos, organização de festas, organização de campanhas para angariar fundos, tarefas como essas constituem, muitas vezes, o dia a dia de um orientador educacional que, assim se ocupando cotidianamente, revela a falta de um plano pedagógico para direcionar sua atuação. Atuando dessa forma, sem compromisso político com a transformação da escola e suas práticas educacionais, e sem determinação clara e explícita de sua responsabilidade com relação à mudança de estruturas e condições sem caráter educacional, o orientador educacional age ao sabor dos ventos, conforme os acontecimentos que ocorrem no estabelecimento de ensino. Essa prática, direcionada pelo improvisado atendimento às necessidades imediatas, cabe esclarecer, pode até mesmo reforçá-las, caso representem um acobertamento da acomodação de outros profissionais da escola que delegam exclusivamente para o orientador educacional parte de suas responsabilidades em relação aos eventos, como é, por exemplo, o caso de o professor transferir inteiramente para a Orientação Educacional a responsabilidade pelos comportamentos que identifica como de indisciplina dos alunos, deixando de compartilhá-la e de assumir atitudes e medidas que possam reverter essas situações e até mesmo preveni-las.

- **Alunos, pais, professores e equipe administrativa da escola desconhecem o significado da Orientação Educacional e as perspectivas de sua atuação.**

Sabe-se que o desconhecimento do sentido do trabalho do orientador educacional e a falta de informações na escola sobre o mesmo podem gerar expectativas inadequadas que, por certo, promovem situações desnecessariamente desgastantes para todos e para o desenvolvimento do projeto pedagógico da escola como um todo. Sucumbir a essas expectativas, sem explicitá-las e sem compreender as implicações sobre essa prática, corresponde à falta de clareza e determinação do próprio trabalho, e à falta de um plano de atuação correspondente. Fatalmente, nessas condições, os resultados serão negativos quando não se orientam por uma ação organizada. Aliás, o plano de Orientação Educacional já deve privilegiar ações que possam ajudar a superar essa situação, presente, com maior ou menor intensidade, em todos os contextos educacionais.

Decorre, pois, como sendo de grande importância o contínuo trabalho na escola sobre objetivos e significado da Orientação Educacional, seu papel na realização do projeto pedagógico da escola e formação dos alunos, de modo que essa área possa integrar-se adequadamente ao trabalho de todos da comunidade escolar, assim como para ser um elemento de integração das ações educacionais.

- **Os orientadores educacionais falham em divulgar e dar transparência a seu trabalho.**

A percepção de que a Orientação Educacional tem uma atuação fechada em si mesma é desintegrada do conjunto das atuações da escola e de que seu trabalho é trivial e inconsistente está associada aos fatores anteriormente apontados, como também à falta de divulgação e transparência do trabalho. Ela se respalda, algumas vezes, corretamente, em atuações inconsistentes do orientador educacional e em situações anteriormente descritas, que são facilmente observadas. Outras vezes, ela é incorreta e injusta em face do trabalho do orientador educacional. Mas isso ocorre porque os orientadores educacionais não se preocupam em demonstrar, objetiva e claramente, o significado da Orientação Educacional, o sentido de seu trabalho na escola, as perspectivas da ação que ela mantém, os resultados que promove e a relevância de sua atuação para o projeto pedagógico escolar. Em síntese: se o esforço e o seu resultado não são conhecidos, eles não são valorizados.

A solução das limitações está no planejamento

Pode-se concluir, portanto, que as situações do trabalho do orientador educacional que conduzem à prática de atividades não relacionadas às funções de sua área de formação existem e são mantidas, em grande parte, pela falta de planejamento para a área, tanto no âmbito macro, do sistema de ensino, quanto no âmbito micro, da escola. É importante, pois, lembrar que ações sem direcionamento claro e objetivo de nada adiantam, senão para estabelecer um ativismo sem sentido educacional claro, inócuo, e incapaz de contribuir para a qualidade do ensino. Vale dizer que a Orientação Educacional não tem um valor em si mesma, seu valor é a contribuição à maior efetividade da ação educacional da escola na formação dos alunos.

Mediante o esforço de planejar como um processo mental reflexivo, com perspectiva abrangente, interativa e de futuro, e a efetivação de suas propostas na prática, essas distorções apontadas poderão ser gradativamente corrigidas e eliminadas. O esforço básico corresponde, dentre outros aspectos, portanto: i) ao desenvolvimento de uma visão global do trabalho pedagógico, como um todo; ii) à especificação do papel do orientador educacional; e iii) à determinação do caminho a seguir, bem como das ações necessárias para segui-lo.

Deve-se entender que a produção dos planos e projetos, por si, não pode solucionar situações conflitantes e resolver dificuldades de compreensão, uma vez que é a ação comprometida que transforma a realidade ou a constrói. Os planos e projetos estabelecem, objetivamente, a imagem de uma condição desejada e das ações necessárias para construí-la que de nada adiantam, caso não sejam colocadas em prática, a partir de vontade e habilidades políticas, isto é, de fazer diferença, de marcar positivamente, de assumir responsabilidades por ações efetivas. Cabe lembrar, portanto, que a concretização de um plano ou projeto não corresponde a uma simples e fácil aplicação ou transposição linear para a prática de ideias propostas. No embate entre a situação vigente e as ideias e ações voltadas para a situação desejada, os conflitos naturais são muito grandes e demandam muita perspicácia, espírito aberto, perseverança, competência e vontade de superá-los. Conforme Fusari (1999), o processo de planejamento não pode ser encarado como uma técnica desvinculada da competência e do compromisso político do educador. Sempre há situações imprevistas, mutações de ânimos e de vontades, que implicam em novos posicionamentos, daí o planejamento ser um processo necessariamente aberto e contínuo.

Mediante uma prática pedagógica planejada, o orientador educacional poderá organizar-se para:

- construir e estabelecer a relevância do seu trabalho;

- garantir a natureza pedagógica e específica da prática da Orientação Educacional;

- estabelecer uma imagem positiva da Orientação Educacional;

- dar à prática profissional um caráter sistemático e contínuo;

- demonstrar a importância e relevância da Orientação Educacional para o desenvolvimento da prática pedagógica da escola como um todo.

Esses aspectos devem, no entanto, ser considerados no entendimento de que o planejamento adequado, que efetivamente contribui para a superação de condições limitadas da realidade, as considera dialeticamente, em vez de negá-las, ou contrapô-las a uma ótica idealizada da realidade. Essa abordagem dialética, que se constitui na arte do diálogo entre elementos contrários e contraditórios, de modo a abranger a realidade tal como ela é e levar em consideração todos os seus aspectos.

> O planejamento cuidado e acurado de suas ações possibilita ao orientador educacional obter maior e melhor controle de circunstâncias e de situações, em vez de ser controlado por elas.

Contribuições específicas do planejamento

A experiência tem-nos evidenciado que, do planejamento realizado com seriedade e determinação de aplicação, resulta uma série de contribuições que recompensam, de longe, todo o esforço, energia e tempo despendidos nessa função de organização. Apresentamos a seguir atribuições específicas do planejamento que evidenciam algumas das suas muitas contribuições:

- definir o escopo do trabalho como um todo e de seu significado no contexto escolar;
- dimensionar a ação pretendida, relacionando-a com outras de sentido mais amplo ou de sentido conexo;
- definir e ordenar a finalidade, os objetivos amplos e específicos a serem alcançados;
- estruturar e ordenar as ações a serem encetadas;
- estabelecer a articulação e a integração vertical e horizontal das ações, garantindo a sua unidade em um conjunto de trabalho pedagógico contínuo;
- tornar claras e precisas as responsabilidades quanto ao desenvolvimento das ações;
- diminuir a possibilidade de omissão de pessoas em relação à responsabilidade que devem ser por elas mesmas assumidas;
- racionalizar a distribuição e o uso do tempo, de energia e de recursos;
- evitar a duplicação do uso de recursos e de esforços ou o desvirtuamento desse uso, em relação aos objetivos pretendidos;
- promover a maximização e o reforço necessário às ações desencadeadas e aos seus resultados;
- facilitar o monitoramento efetivo das ações e garantir sua avaliação;
- promover o desenvolvimento do interesse e do envolvimento de educadores na realização das ações pedagógicas.
- antecipar e controlar o surgimento de dificuldades e de empecilhos ao desenvolvimento dos objetivos propostos;
- assegurar o máximo aproveitamento e desenvolvimento do potencial humano e da dinâmica social da escola;
- garantir um sentido de unidade ao trabalho da Orientação Educacional, no contexto do projeto político-pedagógico da escola.

Esse conjunto de contribuições do planejamento evidencia para o orientador educacional elevada importância desse processo para seu campo de ação. Essa ordenação é tão mais importante, considerando a complexidade do trabalho da Orientação Educacional, que lida com processos socioeducacionais e com o comportamento humano tanto individual como relacional, e é voltado para o alargamento dos horizontes socioculturais dos seus alunos e para a transformação da escola. Assoma, portanto, como de grande relevância que o orientador educacional, ao planejar e pôr em prática seus planos de ação, não perca de vista a importância de alargar e aprofundar continua e concomitantemente, sua ótica conceitual e a fundamentação teórico-metodológica que deve nortear a sua prática. Essa ótica fundamenta o processo de planejar, permitindo a construção de uma visão clara, objetiva e organizada da aplicação das ideias, para a obtenção de resultados efetivos. Ao mesmo tempo, ela lhe dará maior segurança em sua atuação.

> Tempo dedicado ao planejamento é tempo ganho ao desperdício, à ação errática, ao imobilismo e ao lugar comum.

Resistência ao planejamento

Embora o planejamento, como processo mental de organização de trabalho, seja reconhecido como condição necessária para que a ação pedagógica possa ser mais esclarecida e efetiva no alcance dos resultados educacionais pretendidos, verifica-se frequentemente a resistência de profissionais de educação em assumir essa prática. Da mesma forma como há muitos profissionais que, durante tempo exageradamente longo, enveredam-se na prática do planejamento para distanciar o seu envolvimento na implantação de uma ação de ajuda ou transformação no contexto de trabalho, também há aqueles que evitam comprometer-se com essa prática, desprezando-a ou apenas desconsiderando-a.

Dessa forma, é possível identificar a existência de orientadores educacionais, assim como de outros profissionais da área social, que costumam utilizar uma série de argumentos para justificar sua recusa ou hesitação em planejar seu trabalho, ou de, ao planejarem, fazerem-no apenas como um procedimento formal na produção de um plano ou projeto a ser utilizado como legitimador do seu trabalho junto aos superiores e ao público em geral, e não para orientar de forma consistente e clara a sua prática. Assim, orientadores educacionais, como também outros educadores, indicam certas dificuldades e limitações que, afirmam, os impediriam de planejar seu trabalho.

Várias situações e aspectos do contexto de trabalho são utilizados como desculpa para não planejarem. Elas são de natureza e origem variada, como, por exemplo, a falta de tempo, pressões do ambiente para que sejam realizadas tarefas de resultado imediato, condições inadequadas no contexto da escola para a realização de um trabalho pedagógico mais amplo, entendimento limitado da importância e do papel do planejamento, falta de habilidades necessárias ao planejamento.

Uma forma de resistência muito comum é a indicada no prefácio e introdução deste trabalho, onde se aponta a generalizada desvalorização do planejamento como instrumento necessário e útil à realização do trabalho educacional, seja ele qual for, tal desvalorização decorre da interpretação que se atribui ao planejamento como uma atividade tecnicista, burocratizante e destituída de sentido político. Portanto, caracterizado como procedimento simplificador e mecânico de abordagem à problemática social e de visão formalizante da realidade.

Portanto, para a superação dessas condições, é necessário que o orientador educacional adote uma atitude de revisão crítica de seus motivos e atitudes em relação ao planejamento – como, aliás, em relação a qualquer perspectiva de atuação – a fim de que possa superar as limitações e os pontos de resistência que impedem o seu aprimoramento profissional e o de seu trabalho educacional. Ressaltamos que o próprio fator de resistência indica um problema cuja superação exige um processo de planejamento, isto é, um esforço no sentido de identificar essa problemática e como ela se expressa, caracterizar a rede de fatores a ela associados, analisar as relações desses fatores, prever sua evolução e desdobramento, e tomar decisões sobre o estabelecimento de esforços para vencer a resistência.

Expomos, a seguir, alguns comentários sobre as dificuldades mais comumente apresentadas pelos orientadores educacionais a respeito do seu envolvimento em atividades de planejamento de sua área de trabalho.

Falta de tempo para planejar
Um dos argumentos mais frequentes apresentados contra o envolvimento pelo orientador educacional no processo de planejamento é o de falta de tempo. Os orientadores educacionais indicam que há tanto que fazer na escola em período de tempo tão limitado, que consideram ser melhor e mais acertado "começar a fazer logo e atender as demandas", em vez de "perder tempo na análise de situações e no estabelecimento de objetivos e estratégias de ação". Desenvolver uma compreensão prévia e objetiva sobre o que, por que, para que, como, quando, onde, com quem, para quem, deve ser a ação desencadeada, é considerado perda de tempo.

A respeito desse entendimento, cabe ressaltar que as ações desencadeadas sem essa compreensão tendem a ser improvisadas, erráticas e caracterizadas pelo desperdício. Vale dizer que, quanto menos tempo se tem, mais cuidado deve ser voltado para bem usá-lo – o que, aliás, deve ocorrer com todo o tempo educacional. Não gastar 10% do tempo disponível em ações de planejar pode resultar em 100% de desperdício do tempo gasto em ações improvisadas e erráticas, com o agravante do desperdício de recursos empregados e da credibilidade do profissional e da área.

Entendemos, pois, que quanto mais reduzido for o tempo disponível para um trabalho, mais precioso ele se torna e maior é a necessidade de planejar (ver o Quadro 2 sobre o significado do tempo, ao final desta unidade). Quanto menos tempo se tem para realizar alguma coisa, mais se deve cuidar para bem utilizá-lo. E é altamente recomendável ter em mente que, em Educação, o tempo é um bem extremamente precioso, não apenas porque nossos alunos passam muito pouco tempo na escola, face ao reduzido número de aulas diárias, mas porque o universo e as complexidades do que se tem a aprender cresce exponencialmente, demandando mais tempo para aprender (atualmente, aprendizagem é condição de vida). Podemos reconhecer facilmente que a gestão do tempo não é um dos nossos fortes e que o seu desperdício está presente nas aulas e na realização das ações educacionais em geral. E esse pode ser considerado um dos fatores que explicariam o atraso em que se encontra a prática educacional em nosso contexto, face às demandas sociais não atendidas de escolaridade de qualidade para o desenvolvimento das pessoas, das instituições e do país.

O bom senso indica que o orientador educacional, ao sentir-se assoberbado em seu trabalho, deve analisar sua perspectiva de tempo e posicionar-se: pretende controlá-lo ou prefere utilizá-lo de forma errática, deixando seu uso à mercê de circunstâncias aleatórias e dessa forma pondo a perder a possibilidade de a Orientação Educacional contribuir efetivamente para a melhoria da qualidade do ensino e do desenvolvimento dos alunos.

> O tempo que se passa na escola, por mais bem utilizado que seja, ainda é pouco para promover aprendizagens básicas sólidas e consistentes.

Preocupação com soluções imediatas

Conforme já apontado, problemas globais demandam ações globais. Podemos afirmar que a complexidade é a condição de qualquer foco de atenção que envolva o comportamento humano, pois este, na grande maioria dos casos, não representa fato isolado e dissociado de um conjunto de condições, situações e comportamentos. Também esse comportamento, qualquer natureza que tenha, costuma ser fato único, mas recorrente em diferentes situações e condições. Isso posto, a tendência de buscar soluções rápidas e imediatas representa distorcer o sentido tanto das problemáticas quanto da educação, que tem caráter formativo. Também representa distorcer a necessidade de transformação das práticas escolares para que haja a superação da recorrência de problemas. É possível afirmar que, muitas vezes, a percepção de que não se tem tempo para planejar está associada ao entendimento de que o importante no trabalho do orientador é a busca rápida de soluções a problemas.

Como consequência da visão errônea e limitada da busca de resultados imediatos, muitos orientadores educacionais deixam de compreender e de antever os benefícios do planejamento e dedicam-se mais à modificação de situações que se manifestam como urgentes e à rápida resolução do problema. Agindo dessa forma, o que mais ocorre é a pronta execução de serviços e de tarefas sem sentido pedagógico mais amplo e sem relacionamento com um projeto global de transformação da prática pedagógica da escola, esta situação gera mais problemas e reforça as condições que os produzem. Reforça-se aqui que, quando ocorre o predomínio das preocupações por soluções imediatistas, atua-se sob o controle dos problemas e não de maneira a superá-los.

É o que acontece, por exemplo, no enfoque paliativo adotado nos casos apontados pelos professores como "indisciplina" dos alunos. Neste caso, os orientadores são solicitados a atender na escola como atuação exclusivamente sua. Verifica-se que tais atendimentos estão muitas vezes associados a controlar o comportamento dos alunos, em vez de transformar a escola para que os casos não aconteçam e para que, uma vez ocorridos, todos aproveitem para refletir sobre os acontecimentos, como condição de aprendizagem conjunta.

Associada a uma linha de ação remedial e localizada (portanto de caráter paliativo) da Orientação Educacional, vincula-se uma falta de perspectiva de futuro e de conjunto. Mediante ação planejada, com vista a resultados de médio e longo prazo, pode-se diminuir a incidência, em número e intensidade, de casos que solicitam o tipo de atendimento emergencial.

A superação da preocupação imediatista é condição para que a Orientação Educacional realize o seu trabalho de forma efetiva, de modo a contribuir para que o ambiente e as práticas escolares se transformem, tornando-se contribuições efetivas na formação e aprendizagem dos alunos. Para tanto, é requerida a organização da prática de Orientação Educacional, alcançável pelo planejamento. Reconhece-se que planejar requer tempo, energia e dedicação que não se traduzem na produção de resultados imediatos. As consequências do planejamento são indiretas, porque alcançadas mediante as ações de implementação. No entanto, quando praticado com envolvimento, já desenvolve uma predisposição para a produção dos resultados pretendidos, que antecipadamente garantem a maior efetividade das ações.

> O planejamento é condição de superação do imediatismo, que é associado ao ativismo.

Influência de expectativas do meio ambiente

Relacionadas à falta de tempo e às preocupações com soluções imediatistas estão as pressões do meio ambiente sobre a atuação do orientador educacional, traduzidas nas expectativas que seus participantes têm sobre ela. Essas expectativas correspondem à perspectiva com que se olha a Orientação Educacional e o seu trabalho, antecipando resultados. Elas são em geral estabelecidas a partir de informações obtidas por diversos meios e por observações que instruem o olhar daqueles que compartilham o trabalho educacional do orientador e que recebem sua influência.

Comumente, o diretor da escola, os professores, o corpo técnico-administrativo da escola e até mesmo os pais, exercem pressão direta ou indireta, explícita ou implícita, intensa ou sutil, sobre o orientador educacional, no sentido de que atue segundo segundo o que se espera do trabalho desse profissional. Muitas vezes, essas expectativas são motivadas pela busca de redução e suavização de suas responsabilidades e, outras vezes, pelo desconhecimento do sentido da Orientação Educacional, associado à falta de informação a respeito das atribuições e possibilidades de atuação profissional nessa área.

Resulta, pois, a ocorrência de influência sobre a atuação do orientador educacional baseada em expectativas totalmente inadequadas, que vinculam o seu trabalho apenas à solução de problemas pelo seu aspecto de momento, principalmente os de sentido disciplinar e que, vistos dessa forma, escapam ao escopo de ação sistemática, planejada, de concepção sistêmica, direcionada para um sentido educacional formativo, de responsabilidade de todos, em conjunto.

Sucumbindo a essas pressões, os orientadores educacionais experimentam uma atitude negativa em relação ao planejamento e chegam a se convencer de que não adianta planejar – conforme uma orientadora educacional expressa: "não adianta planejar, pois acabamos tendo que atender à solicitação das demandas cotidianas que nos encaminham, e não sobra tempo para executar o planejado". Assim, muitos orientadores educacionais, que no início do ano letivo definem os objetivos e as metas de seu trabalho anual, deixam de interessar-se por sua orientação e passam a atender às frequentes e variadas solicitações não previstas que ocorrem no dia a dia. É possível afirmar que, ao sucumbirem às pressões, os orientadores educacionais não só expressam a falta de compromisso com o plano definido, como também com as diretrizes e princípios da Orientação Educacional relacionados à transformação da escola para que se torne o mais efetivamente possível num ambiente educacional.

Essa situação, por certo, reforça ainda mais a atitude negativa em relação ao planejamento, sem que o orientador educacional se dê conta de que, assim agindo, dá a entender que o plano fora realizado como um processo meramente formal, pois, se o abandonou, é por que: i) já não tinha compromisso com a sua implementação; ii) o propusera com base em uma visão abstrata e sonhadora da escola e da Orientação Educacional, sem o entendimento das implicações para a sua efetivação; iii) não leva em consideração as necessidades e desafios cotidianos da ação educacional, ou considera a sua implementação como destituída de conflitos, tensões, contradições e sem as naturais dificuldades inerentes a toda dinâmica social, que envolve negociação, explicitação de posições, liderança, motivação, convencimento.

Essa situação conduz a que se conclua sobre a importância de se considerar o planejamento como um processo mental que envolve a compreensão, de forma ao mesmo tempo analítica e global, da realidade escolar, na qual as circunstâncias sociopedagógicas são dinâmicas e contraditórias e que envolvem a consideração e análise sobre o que pensam os demais participantes do processo educacional sobre o trabalho da Orientação Educacional e quais suas expectativas a respeito.

> As pessoas agem de acordo com as expectativas que induzem e estas, por sua vez, são alimentadas pelas informações que possuem.

Hesitação em assumir responsabilidades

O plano ou projeto de trabalho que resulta do planejamento consiste no estabelecimento de um compromisso de trabalho. Ao defini-lo, o orientador educacional afirma o seu comprometimento em promover determinadas transformações no contexto escolar, por meio de ações e esforços específicos. Por essa definição, esse profissional estabelece seu termo de responsabilidade de trabalho, o qual é cumprido, na medida que age de acordo com os compromissos estabelecidos.

Portanto, na medida em que estes compromissos não existam, não há parâmetro objetivo algum para que o orientador educacional possa avaliar como, de que forma, e em que extensão cumpre seus deveres profissionais. Também os demais participantes do trabalho educativo, desconhecendo os objetivos, as metas e obrigações do orientador educacional, deixam de ter medidas precisas para a apreciação do seu trabalho, o que os fará utilizarem seu próprio entendimento para tal fim, daí porque, na prática, comumente se registram avaliações negativas ao desempenho profissional do orientador educacional e a existência de expectativas de desempenho que não correspondem à concepção e linha de trabalho da Orientação Educacional.

> Construir um plano de ação corresponde a definir um conjunto de responsabilidades. Não tê-lo ou não segui-lo representa prejuízo de responsabilização.

Falta de habilidade em planejar

O planejamento, como processo metal, envolve um conjunto de habilidades específicas de análise, comparação, síntese, prospecção, extrapolação, criatividade, discernimento, perspicácia, dentre outras, todas elas imperiosas para, com propriedade, se identificar, inventariar e avaliar necessidades e alternativas de cursos de ação, estabelecer prioridades, definir objetivos, propor estratégias de ação, definir e articular ações, estabelecer cronogramas de ação ajustados e dimensionar estratégias de avaliação do programa de ação.

Planejar, em educação, envolve também habilidades de trabalho em grupo, de envolvimento de pessoas e de articulação de seus esforços, de comunicação e de negociação, uma vez que, sendo uma ação complexa e coletiva, implica que seja realizada de forma participativa (o planejamento participativo é uma condição fundamental da Orientação Educacional).

Observa-se, no entanto, que é muito comum considerar, para o planejamento, a acentuação sobre habilidades que tenham a ver com a formalização de um plano ou projeto, e relacionada com questões de linguagem, disposição formal e terminologia técnica. Estes aspectos têm importância, porém relativa, não sendo os principais. E a ênfase sobre eles pode resultar na produção de belos planos e projetos, mas inúteis, porque realizados com preocupação voltada para sua formulação e apresentação de planos e não para as ações que deveriam orientar.

A quem afirma não planejar porque não tem habilidades necessárias, asseguramos que se aprende a planejar, planejando, exercitando os processos mentais, colocando-se em posição de diálogo com os demais companheiros de trabalho sobre os desafios da escola, as possibilidades possíveis de seu enfrentamento, as responsabilidades conjuntas a serem assumidas a respeito, os seus desdobramentos, etc. Dado o caráter dinâmico do processo de planejamento associado à ação, o desenvolvimento de habilidades para seu exercício só se promove na sua prática efetiva. Em vista disso, a simples familiarização com métodos e técnicas de planejamento, pela leitura de manuais como este, e a realização do exercício fora de contexto e situação real, pode, muitas vezes, apenas induzir o desenvolvimento de preocupação exclusiva ou exagerada com o aspecto técnico formal, deixando de lado a dimensão política do processo de planejar. Deve-se ter em mente, por conseguinte, que a plena competência se desenvolve mediante a prática em situações reais de trabalho.

Verifica-se que todo orientador educacional que se preocupa com o bom desempenho e a qualificação profissional planeja seu trabalho e não deixa para outrem esta tarefa e que, na medida em que se envolve nessa prática, de forma crítica e perspicaz, de modo a compreender os desafios a serem enfrentados e as possibilidades de fazê-lo, desenvolve habilidades múltiplas, tanto de planejamento quanto do exercício da Orientação Educacional, e constrói sua competência profissional.

Distorção do significado do planejamento

As resistências em planejar, conforme Matus, citado por Huertas (1997), indica, também são devidas a equívocos conceituais em relação ao significado do planejamento, que podem ser abstraídos de justificativas apresentadas por orientadores educacionais para não planejarem seu trabalho, conforme anteriormente indicado. Como exemplos desses equívocos, citamos depoimentos de orientadores educacionais sobre o planejamento:

- "planejar é uma coisa, fazer é outra" – este depoimento é equivalente ao tradicional mote de que a teoria é diferente da prática;
- "o planejamento engessa o trabalho";
- "o planejamento representa uma exigência burocrática, que apenas serve para tomar o nosso tempo";
- "o planejamento é apenas um rito formal desprovido de substância".

Destaca-se que o planejamento na prática tem a dimensão, o significado e a potência que lhe são atribuídos por quem o realiza, a partir de seus conhecimentos, habilidades e atitudes.

Consequências da falta de planejamento ou da sua imprecisão

A falta de planejamento para orientar uma ação, ou a sua realização sem os cuidados de análise objetiva e globalizante, tornam-na imprecisa, inconsistente, incoerente e até mesmo inócua por falta de eficácia. Alguns problemas, além dos já sugeridos anteriormente, podem ser ressaltados, como por exemplo o reforço ao trabalho de rotina, a baixa eficiência e eficácia do trabalho, desentendimentos, confusão e obstrução ao desenvolvimento da área de Orientação Educacional, dentre outros, conforme apresentaremos a seguir.

Reforço à rotina

Pela falta de análise contextual da situação na qual se propõe a agir, o orientador educacional passa a proceder, indiferenciadamente, numa determinada situação, tal como o fez em outro; numa ocasião como em outra. Em vista disso, as ações se tornam repetitivas, rotineiras, desempenhadas mecanicamente. Dessa forma, perde-se, nesse processo, o espírito do trabalho educativo, que é sempre pessoal. Tem-se, como resultado, um mero ativismo vazio de sentido, com o qual o profissional pode cansar-se e desgastar-se muito, sem porém alcançar resultado educativo algum – o que acarreta um desvirtuamento ainda maior do trabalho educacional.

Baixa eficiência e eficácia no trabalho

A inadequada compreensão da realidade na qual se pretende atuar e a falta de clareza e direcionamento das ações necessárias causam, por certo, hesitações, imprecisões, variações aleatórias de direcionamento que, de um lado, levam a uma baixa eficiência, isto é, a uma inadequada canalização de recursos e energia e, por outro lado, e em consequência, a uma baixa eficácia, isto é, uma inadequada produção de resultados. O ativismo referido anteriormente tem a ver com essa condição.

Desentendimento e confusão

A imprecisão e a generalidade na definição dos rumos a seguir ou a falta total de sua definição gera confusões e desarticulações entre os envolvidos no trabalho educativo. Diretor, professores ou outros profissionais da escola poderão perceber o orientador educacional como uma pessoa disponível para o desempenho das atividades variadas em setores diversos e não como um profissional que tem objetivos e atribuições específicos próprios como forma de contribuir para a promoção de um projeto educativo global. As expectativas inadequadas anteriormente apresentadas se referem a esse aspecto.

Obstrução ao desenvolvimento da área de Orientação Educacional

O desenvolvimento de uma área profissional se faz mediante o exercício de pressupostos teóricos e aplicação de métodos e técnicas que, sendo confrontados com situações concretas da realidade, são gradativamente corrigidos, expandidos, transformados. Para tanto, porém, os mesmos devem ser previamente compreendidos, associados, organizados, de modo a permitirem o confronto indicado. Consequentemente, pode-se afirmar que, enquanto os orientadores educacionais não se aplicarem no desenvolvimento de uma prática profissional planejada, não produzirão um acervo de habilidades e de conhecimentos objetivos que possibilitem a expansão conceitual da área, na realidade brasileira.

Quadro 2
O valor do tempo

Se quiser conhecer o valor de um ano, pergunte a um estudante que foi reprovado nos exames finais.
Para conhecer o valor de um mês, pergunte a uma mãe que deu à luz prematuramente.
Para conhecer o valor de uma semana, interrogue o editor de uma revista.
Se quer conhecer o valor de uma hora converse com um par de namorados.
Para conhecer o valor de um minuto, pergunte a alguém que acaba de perder seu trem, seu avião ou seu ônibus.
Para conhecer o valor de um segundo, consulte alguém que acaba de sobreviver a um acidente.
Para conhecer o valor de um milésimo de segundo, converse com alguém que acaba de ganhar uma medalha nas Olimpíadas.
O tempo não espera nada! Valorize cada um dos momentos que lhe são concedidos, pois são insubstituíveis.
(Autor desconhecido. www.faceal.com.br/comunicacao/mensagem/o-valor-do-tempo)

3
Dimensões do planejamento

Nada existe isoladamente e em si. Tudo faz parte de um todo mediante uma rede de relacionamentos múltiplos e de tal forma que de fato um ser está contido no outro, assim como o observador faz parte da coisa observada. Conforme já afirmado anteriormente, a realidade é dinâmica, complexa e una. A fragmentação diz muito mais respeito a nosso olhar limitado de observadores incapazes de perceber o todo e de nos percebermos nesse todo. Para conhecer a realidade e atuar sobre ela, adotamos o método das aproximações temporárias, a partir de ciclos contínuos de observações, induções, formulação de hipóteses, deduções, explicações e intervenções focadas. Portanto, nosso esforço em compreender a realidade e nela agir se dá a partir de contínuas aproximações, segundo uma ótica fragmentada, de que resulta o estabelecimento de polarizações e dicotomias.

Dicotomias são, pois, polarizações abstratas, construídas racionalmente, pelo método analítico, com o fim de permitir a compreensão da realidade, a partir do conhecimento de suas partes. Elas representam uma redução de conhecimento, de modo a possibilitar a sua gestão e manipulação. Porém, ao mesmo tempo em que reduzem, integram em si uma multiplicidade de elementos, em vista do que em essência não deveriam ser consideradas como meras simplificações reducionistas. Elas concentram a complexa variedade de objetos e processos da realidade objetiva, constituindo categorias do conhecimento de que se lança mão para revelar a essência das coisas pelo aprofundamento de suas dimensões específicas. Mediante, pois, o contínuo confronto entre diversidades e polaridades de uma dada realidade, aprofunda-se a compreensão da mesma, não se devendo, no entanto, perder de vista a unidade do todo, que se expressa numa relação dialética, caracterizada por tensões, contradições, conflitos e confrontos sucessivos.

As dicotomias ou polarizações estão associadas ao contraste de que resultam, por sua vez, a contradição ou, como Patton (2008) afirma, os contrastes paradigmáticos (paradigma é a ótica pela qual se vê o mundo) que muito comumente se convertem em antagonismo. Patton considera esses contrastes paradigmáticos como artifícios de caráter pedagógico, estabelecidos com o fim de ressaltar diferentes valores, associados a abordagens diferentes e competitivas.

Efetivamente, na realidade, a incompatibilidade entre os polos não existe, pois a escolha de posições e de ações ocorre ao longo de um *continuum*. Vale dizer que os polos duais são apenas artificialmente antagônicos e mutuamente excludentes. Isso porque a absolutização de um dos polos da dualidade destrói o outro polo, de que resulta, em última instância, destruir a si próprio, uma vez que sua existência se explica como parte dessa relação. A competição radical estabelecida, por exemplo, entre meios e fins, indivíduo e sociedade, processo e produto, sujeito e objeto, observador e observado, conteúdo e forma, aspecto geral e aspecto específico, todo e parte, dominados e dominadores, não apenas limita a compreensão da realidade como cria um entendimento artificial da mesma, destruindo a possibilidade de superação de seus limitados estágios de desenvolvimento, uma vez que desconsidera a dinâmica da interação, ao mesmo tempo contraditória e vital.

A polarização apontada também se expressa em relação ao planejamento, como realidade complexa, em vista do que duas dimensões são apontadas: a técnica e a política, que se expressam no ato de analisar, tomar decisões e propor cursos de ação.

i) Mediante a **dimensão política**, ocorre o norteamento que leva, pelos princípios democráticos e de justiça social, no ato de planejar, ao questionamento de posicionamentos contrários ao mesmo, de modo que os planos de ação resultem em compromisso dos envolvidos com o enfrentamento dos desafios de construir uma escola e uma sociedade mais saudável, justa e educadora; o envolvimento dos atores, num compartilhamento do direito e poder de tomar decisões em conjunto, de modo a construir compromissos coletivos; a participação dos beneficiários a fim de que se tornem sujeitos nesse processo; a integração entre reflexão e ação, de modo a construir o empoderamento pela construção das pessoas envolvidas e da solidificação das ações.

ii) Mediante a **dimensão técnica**, a observação e articulação de todos os aspectos que caracterizam o conjunto de especificidades que devem entrar na conjunção de um plano global de ação, com visão de futuro, são nomeados nos formatos dos planos.

Destaca-se, pois, que o planejamento somente se realiza plenamente mediante a interação dessas duas dimensões, de modo equilibrado (ver Figura 7) e não apenas por uma delas. Vale dizer que planejar, tendo em mente apenas as questões técnicas, resulta no desvirtuamento do sentido de planejamento e na proposição de planos e projetos sem significado.

Figura 7
Dimensões do planejamento

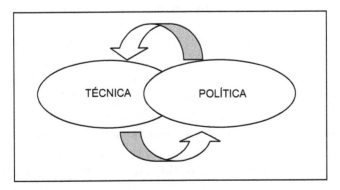

Durante a década de 70, ganhou relevância a dimensão técnica do planejamento, resultando dessa ênfase um descuido com a dimensão política. Planejamento passou a ser uma especialidade desempenhada por técnicos, ficando a dimensão política e pressupostos das proposições como condições subjacentes, relegadas a segundo plano, tendo em vista o estabelecimento de um consenso implícito sobre a mesma, dentre os que decidiam (é preciso situar esse fenômeno no contexto sociopolítico do país).

Já durante a década de 80, aquela prática passou a ser alvo de críticas e considerada como camufladora de interesses escusos de uma classe dominante. Fazenda (1988) indica que "a técnica do planejamento vai sendo utilizada em larga escala, procurando dar à política estatal tecnocrática um cunho científico, através de uma linguagem precisa e convincente" (p. 82). Indica essa autora que se procurava dar um polimento tecnológico, um ar de seriedade, de científico, às ações casuísticas definidas nos planos e projetos, mediante o uso de linguagem científica impecável.

Reconhece-se, porém, que de nada adianta a elaboração de um plano técnica e formalmente perfeito, se o mesmo não emerge genuinamente de uma realidade concreta e deixa de a ela remeter, por ser apenas uma representação abstrata e idealizada dessa realidade. De nada vale o empenho em programar, se o trabalho não for direcionado pelo empenho de agir. O ponto de partida do planejamento é a vontade de agir de maneira efetiva (e não a de programar) e a ação transformadora é o ponto de chegada.

Deve-se considerar, no entanto, a fim de não se caricaturar o aspecto técnico do planejamento com um viés negativo e de menosprezo, que o mesmo não diz respeito exclusivamente a uma questão de formalização de intenções, afeita a preciosismos de linguagem e de aparência. O planejamento, como foi indicado na unidade anterior deste trabalho, diz respeito a um método de análise da realidade sobre a qual se pretende agir, de maneira a se poder vislumbrar suas contradições, suas disparidades e conflitos, a fim de representá-la o mais plena e fielmente possível, de modo a permitir a tomada de decisões necessárias e possíveis (dimensão política). Planejar não significa, pois, estabelecer modelos a serem seguidos mecanicamente, significa estar com a mente aberta constantemente – antes, durante e após o processo educativo – buscando abrir cada vez mais a amplitude de sua significação, o que ocorre mais plenamente no momento da ação. Planejar não significa estabelecer modelos estáticos, que se repetem mecanicamente, como se os atos e os comportamentos humanos fossem periódicos e que aqueles que são mais facilmente moldáveis e reguláveis, por sua simplicidade sejam os mais importantes.

O que se torna evidente é que as dimensões técnica e política do planejamento constituem duas faces da mesma moeda, separáveis apenas artificialmente, para fins de estudo e compreensão mais plena de cada uma. No processo de planejar, no entanto, as duas coexistem em cada uma das fases desse processo e em cada um de seus aspectos, e é na medida em que sejam consideradas integradamente e em equilíbrio que o planejamento ganha vitalidade.

Por conseguinte, cuidar da questão técnica formal não significa descuidar da política – muito pelo contrário, significa representá-la melhor, de maneira que possa ter mais impacto em seus objetivos transformadores. Da mesma forma, cuidar da dimensão política não implica descuidar da técnica, uma vez que vontade política sem organização e sem estratégias adequadas para transformá-la em ações efetivas não promove os resultados pretendidos, tornando-se insignificante.

O suposto antagonismo das dimensões técnica e política de uma realidade, pretendido por muitos, procura encobrir (e por isso mesmo revela) uma intenção de direção exclusivista por parte dos seus propugnadores, de modo a estabelecer ou manter uma predominância de poder de influência sobre seu âmbito de trabalho, o que equivale a uma visão pelo menos limitada, mas possivelmente de intenções camufladas. O estabelecimento de uma ótica pela qual a dimensão técnica é vista em oposição à política, negando a esta, revela uma visão não apenas segmentada e parcial da realidade e até mesmo distorcida, como também favorece o fortalecimento de grupos centrais de poder, ora dos chamados "tecnocratas", ora dos "progressistas", sem que, no entanto, uns e outros empenhem-se efetivamente na promoção de avanços significativos da prática pedagógica de modo a contribuir para a qualidade do ensino (cabe lembrar aqui que tais rotulações são simplificadoras das múltiplas possibilidades de ação dos associados a qualquer grupo de afinidade).

Conforme afirmado por Bromley e Bustello (1982, p. 12), "o domínio da política marginaliza a atividade técnica, uma vez que especialistas altamente qualificados são retirados da arena decisória". Opostamente, o domínio da técnica alija do processo de planejamento aqueles que pensam criticamente a respeito das relações mais amplas das intervenções a serem praticadas.

Cabe destacar que "o significado do planejamento é político e só pode ser percebido em situações históricas concretas. A direção seguida pelos planos é uma decisão dada politicamente e não tecnicamente, uma vez que supõe a alocação de valores e de objetivos junto com recursos e define formas de execução e de critério de distribuição" (SILVA, 1983, p. 74). Mas os significados e os valores apenas se tornam efetivos, na medida em que sejam implementados por métodos e técnicas adequados, organizados por processos devidamente analisados e articulados.

Em face dessas considerações, pode-se dizer, portanto, que a falta de articulação entre a dimensão técnica e a política representa não apenas um estágio limitado de compreensão da realidade, mas também uma intenção camuflada de predomínio pessoal dos defensores das impossibilidades de sua integração sobre a realidade.

A análise das duas dimensões do planejamento em Orientação Educacional, que se apresenta a seguir, tem o objetivo de evidenciar aspectos peculiares de cada uma, sem pretender a justaposição ou a sobreposição de uma sobre outra. Destaca-se sim, que, no entanto, devem ser consideradas integradamente no ato de planejar.

> "O conhecimento leva à unicidade e a ignorância ao antagonismo".

Dimensão técnica

É reconhecido que a concepção de um fim requer a antecipação de meios para realizá-lo e que estes devem estar paradigmaticamente, conceitualmente e proporcionalmente de acordo com os resultados pretendidos. Portanto, a compreensão das relações recíprocas entre meios e fins transforma uma atividade simplesmente movida pelo improviso, impulso e espontaneidade, em ação inteligentemente elaborada e consequente face sua organização a partir de intenções claramente definidas. A questão da técnica em educação refere-se, pois, à organização dos seus meios de realização que, em si, traduzem um método caracterizado por princípios e concepções orientadoras. No planejamento educacional, a dimensão técnica diz respeito tanto à observância dos passos do planejamento e das qualidades de clareza e precisão na descrição de cada um dos aspectos relevantes para a organização das ações, registradas em um plano ou projeto, como a lógica dos processos mentais utilizados na determinação desses aspectos e a observância do paradigma orientador dos meios, em relação aos fins propostos. Diz respeito também à integração entre os diferentes meios de ação propostos, isto é, à convergência de todos eles para a realização dos objetivos. Estes, quando dissociados e fragmentados, indicam uma falta de reflexão a respeito dos fins do processo educativo desencadeado. Portanto, na análise dos planos ou projetos, a questão técnica diz respeito à questão da forma e é observada comumente em seu plano de frente; já o plano de fundo expressa o seu conteúdo político e filosófico.

Qualidades gerais do planejamento

Determinadas qualidades são identificadas como imprescindíveis para que o planejamento e seu produto (planos ou projetos) possam garantir a qualidade da ação a ser desencadeada. Algumas dessas qualidades aparecem enumeradas na literatura sob a denominação de princípios, que se constituem em critérios indispensáveis a serem observados na realização do planejamento, sem os quais o mesmo deixará de servir à sua finalidade principal de direcionar a ação com clareza e segurança. Esses princípios, enumerados individualmente a seguir e descritos mais adiante, devem estar interligados de forma inter-

dependente na prática de planejar. Os mais comumente citadas são:
- direcionamento,
- flexibilidade,
- globalidade,
- objetividade,
- progressão,
- responsabilização,
- viabilidade.

Trata-se de condições que garantem aos planos e projetos e, consequentemente, às ações que orientem, a *ininterrupção* entre um objetivo e outro, um momento e outro, uma atividade e outra. De modo a garantirem a interligação de todos os segmentos e aspectos do processo, elas estabelecem a sucessão natural de todos esses aspectos, como num processo continuado. Esse resultado é alcançado na medida em que é possível observar em todas as partes e subunidades do plano e do projeto cuidados que garantam a sua globalidade.

Destaca-se ainda que uma das grandes qualidades dos planos e projetos é sua capacidade de permitir *conversar* com a realidade, interagindo com a ação, de maneira que se ajuste a ela, continuadamente, conforme seja necessário. Na medida em que assim o faça, é capaz de garantir qualidades importantes para a efetividade de ação:
- consistência de significados;
- encadeamento entre as partes;
- gradação de complexidade;
- regularidade de ações;
- sequência lógica, histórica e psicológica;
- unidade formadora de um todo coeso.

Para facilitar e cuidar que tais qualidades ocorram faz-se necessário que a implementação do plano ou projeto seja realizada em cinco momentos básicos, em interação permanente, constituindo um processo dinâmico de interligação entre implementação e planejamento via avaliação e retroalimentação. Esses momentos são:
- execução do plano ou projeto;

- monitoramento e avaliação concomitante à execução, que permita a sua reformulação durante a implementação (avaliação formativa);
- reajustamentos do plano ou projeto;
- avaliação ao final da implementação (avaliação somativa);
- realimentação e revisão do plano ou projeto.

Esses momentos, além de sequenciais, são concomitantes, de modo que, do ponto de vista lógico, embora sejam seguidos passo a passo, são recorrentes a cada momento, constituindo um contínuo vai e vem analítico, capaz de promover o entendimento mais amplo e aprofundado das questões e ações envolvidas.

Culmina esse processo com a reformulação do plano ou projeto, conforme se pode observar na Figura 8.

Figura 8
Ciclo de planejamento/implementação

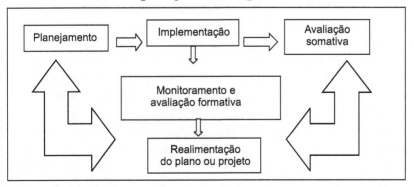

Direcionamento

O direcionamento se refere à condição do plano de: apresentar de forma clara, precisa e objetiva diretrizes de ação; especificar, adequadamente, que efeitos pretende produzir; e orientar a sua efetivação, mediante a descrição do que se pretende fazer e em que circunstâncias. Trata-se, portanto, da capacidade de o plano ou projeto nortear e oferecer orientação efetiva à ação e que depende de sua:
- clareza;

- especificidade;
- exequibilidade;
- foco nos fatos;
- precisão;
- simplicidade.

Podemos afirmar que um bom plano ou projeto é um mapa preciso de viagem, que permite ao viajante chegar onde pretende de forma segura, sem que se perca no meio do caminho. Neste sentido, o plano deve estar continuamente sobre a mesa do orientador educacional, de modo que possa consultá-lo continuamente para relembrar o percurso a ser percorrido e as previsões para criar os novos resultados pretendidos.

Flexibilidade

Como o futuro será sempre incerto e não totalmente previsível, assim como é sempre limitada a nossa capacidade de prever desafios a serem enfrentados, os planos ou projetos que delineamos não oferecem condição de garantir plena execução segundo sua proposição, sobretudo quando suas especificações forem idealizadas e dissociadas da realidade. Por outro lado, sempre surgem situações novas, que provocam novas interpretações da realidade e a necessidade de ajustamento de posicionamentos, decisões e ações em relação a elas. A flexibilidade corresponde à capacidade do plano ou projeto de adaptar-se a situações novas surgidas durante a sua implementação, que se dá mediante a amplitude que estabelece para tratar de uma determinada problemática, de modo a poder absorver situações e condições inesperadas. Ela resulta da previsão de cursos alternativos de ação que antecipa possíveis imprevistos ou situações novas, de tal maneira que, diante delas, não se torna necessária a elaboração de um novo plano de ação para comportá-las, ou não se fica imobilizado, deixando o plano de lado, como muitas vezes acontece. Também resulta da abertura a reformulações sugeridas pela retroalimentação, tornada possível pela avaliação formativa. A flexibilidade refere-se, pois, à antecipação de mudanças, desde as prováveis e passíveis de serem consideradas previamente, até as imprevistas. O estabelecimento desses mecanismos de flexibilidade para atender a essas mudanças deve nortear a organização e o planejamento da Orientação Educacional.

Portanto, a flexibilidade implica que haja maior consistência e permanência em relação às questões essenciais e fundamentais e à possibilidade de variação, no contexto dessas questões, quanto a aspectos acidentais e secundários. Pela flexibilidade, no entanto, não é válido que se reivindique uma proposta que possa ser alterada substancialmente, em decorrência de alterações sobre as quais se atua – a menos que ela tenha sido alterada substancialmente. Caso tais mudanças sejam julgadas necessárias, pode-se pensar que o plano foi calcado em questões secundárias e irrelevantes, em detrimento das substanciais, ou baseadas em completo desconhecimento da realidade.

Ao planejar, compete ao orientador educacional o estudo do comportamento humano e interações sociais da população com a qual trabalha, assim como suas problemáticas sociais e possível evolução diante de diferentes cursos de ação, de modo a definir os de maior probabilidade de obter melhores resultados, sempre considerando cursos alternativos e tendo em mente o estabelecimento de trilhas, em vez de trilhos, apesar do cuidado com as especificidades das ações.

Globalidade

A globalidade conduz a uma visão abrangente e interativa de todos os elementos envolvidos na realidade sobre a qual se pretende atuar, considerando o conjunto de aspectos avaliados de modo integrado e como um todo. Ela diz respeito ao grau em que o plano ou projeto de ação oferece condições de apresentar meios de superação das problemáticas que focaliza, de maneira abrangente e transformadora, por visualizá-las em seu contexto, adequadamente compreendido e considerado em seus desdobramentos, assim como abranger amplas alternativas para esse processo. Ela é assegurada na medida em que objetivos, estratégias e atividades levam em consideração, e de modo interativo, todos os aspectos essenciais da problemática e que são suficientes para promover a superação das suas limitações e dificuldades.

Observa-se, muitas vezes, que objetivos e atividades propostos não circunscrevem e encerram todos aqueles aspectos, dando apenas solução a alguns deles, de modo muito limitado. Em tais condições é possível observar de ações que apenas causam desgaste e retrabalho, o que, aliás, é uma condição muito comum na educação. Esse é o caso dos chamados problemas de disciplina escolar, quando são focados unicamente como uma condição devida ao aluno e não também ao ambiente escolar, metodologia de ensino e organização da escola. Observa-se que permanecem os problemas e, o que é pior, estes são reforçados.

Objetividade
Objetividade corresponde à percepção e descrição da realidade tal como é e não como se julga que seja, como uma projeção do modo de o observador ver a realidade (subjetividade). A objetividade corresponde à descrição e à interpretação cuja propriedade possa ser sujeita à verificação por outro observador. Quanto maior for a objetividade, maior será a probabilidade de que outro observador, diante do mesmo fato, chegue às mesmas conclusões, desse modo superando o subjetivismo. A antítese da objetividade é a subjetividade, que corresponde ao modo específico como uma pessoa vê a realidade e que é baseada na percepção e descrição da realidade, tal como vista normalmente, motivada pela influência de emoções, sentimentos, crenças, e preconceitos pessoais. Cabe destacar aqui a diferença entre ver, enxergar e observar. Vemos a toda hora, mas nem sempre enxergamos o que vemos; observar corresponde a um ato intencional e controlado, e orientado pelo método científico, para conhecer e compreender a realidade. E é esta observação que garante a objetividade.

Para chegar a análises, descrições e interpretações objetivas, o orientador educacional deve realizar observações controladas e fazer anotações que descrevam os fatos tal como observados, sem nenhuma interpretação, de modo a poder fazer, a partir de um conjunto de informações, análises e interpretações precisas e pertinentes aos fatos como se apresentam, o que viria a permitir a apresentação de propostas de solução ajustadas e adequadas ao mesmo.

Como o planejamento é desenvolvido tendo por base observações e decisões dos planejadores, torna-se necessário que estas se orientem pelo cuidado em eliminar ou manter em nível insignificante o julgamento subjetivo. A objetividade é garantida pela obediência ao método científico, que será apresentado mais adiante (descrição das perguntas básicas do planejamento). É importante ter em mente que explicações e descrições resultantes da observação serão sempre o resultado do domínio de uma linguagem teórica e serão tão acuradas quanto a teoria utilizada e seus conceitos assim o permitirem. Acrescente-se o fato de que, na observação da realidade, a percepção é orientada pelo estado interior de nossa mente, que depende de nossa formação cultural, conhecimento, expectativas, etc., e não será determinado apenas pelas propriedades físicas de nossos olhos e da cena observada (CHALMERS, 1996), daí a importância de o orientador educacional desenvolver uma compreensão teórica abrangente e coerente do ponto de vista paradigmático.

Progressão

A progressão diz respeito a uma sequência gradual de complexidade das ações e resultados, de modo que sejam cada vez mais abrangentes e mais aprofundados. Essa progressão está diretamente relacionada à continuidade que se refere ao encadeamento das propostas apresentadas no plano a ser elaborado, em relação aos planos anteriores, de modo a evitar tanto a solução de continuidade, como também a perda da história pedagógica da Orientação Educacional e da escola. É importante ter em mente que se garante a progressão mediante:
- a classificação de elementos envolvidos no planejamento em ordens de gradual complexidade e essencialidade;
- o encadeamento sequencial e abrangente desses elementos.

Responsabilização

Ser responsável representa responder pelos próprios atos, assim como corresponder aos compromissos de sua profissão, na realização de seus princípios e objetivos. Essa responsabilidade é efetivada na medida em que o profissional tem plena consciência dessas demandas e as põe em prática mediante plena consciência dos seus atos.

Um dos efeitos desejados ao se planejar é o de que os planos ou projetos resultantes sejam capazes de estruturar as ações daqueles que serão responsáveis pela realização dos objetivos. Portanto, um bom plano ou projeto de ação determina responsabilidades: quem fará o que, em que momento, com que objetivo.

Por essa especificação de responsabilidades, um plano ou projeto de ação de Orientação Educacional é um termo de compromisso que o orientador educacional assume consigo mesmo e com a comunidade escolar. Mediante esse termo de compromisso, o orientador educacional demonstra publicamente uma série de objetivos e atividades pelas quais é responsável, mesmo que com a participação, em equipe, dos demais educadores da escola – neste caso, o orientador educacional assume a responsabilidade de liderança e mobilização das demais pessoas na realização do trabalho proposto. É bom esclarecer que, por causa do compromisso estabelecido, e a partir dele, o orientador educacional tem argumentos que justificam o seu impedimento no envolvimento como prática comum, de "apagar incêndios" e de servir como coringa, no dia a dia na escola.

Viabilidade

A viabilidade de um plano ou projeto de ação diz respeito à sua capacidade de aplicação e de implementação, que corresponde à sua condição de ser exequível, factível, praticável, dentro do escopo de tempo previsto, segundo seu calendário; de acordo com as circunstâncias existentes; e empregando os métodos, operações e recursos propostos. Para tanto, todos os aspectos definidos devem ser descritos com especificidade e objetividade tais que sejam entendidos da mesma forma por todos que forem utilizar o plano ou projeto, para orientar suas ações. Uma vez dotados dessas proposições, os planos ou projetos serão operacionais e funcionais.

Tendo em vista que a finalidade do planejamento é a de orientar a ação, um plano ou projeto que não possa converter-se em ação objetiva, isto é, que não seja operacional, não apresenta muita utilidade.

A implementação de planos e projetos não é questão fácil. Colocar em prática mesmo uma sequência simples de ações para promover resultados simples demanda muitas vezes muito esforço, pois envolve condições estabelecidas e arraigadas, desestabiliza pessoas que por sua vez reagem contrariamente ao movimento que se pretende estabelecer. Conforme indicado por Pressman e Wildavsky (1984), a implementação, mesmo sob as melhores e mais favoráveis circunstâncias, é difícil, o que aponta para considerações especiais dos planejadores para levar em conta, antecipadamente, possíveis condições adversas à implementação.

Portanto, cabe aqui destacar que uma das condições essenciais para garantir a viabilidade de implementação de planos e projetos consiste na adoção de alguns cuidados ao planejar, quais sejam:

• comprometimento com a realidade, de modo que as proposições feitas no plano ou projeto tenham vinculação com a mesma;

• focalização nos aspectos contraditórios que ocorrem na realidade, suas tensões e diversidades;

• consideração à dinâmica social e psicológica que a aplicação do plano ou projeto envolve e a antecipação de reações das pessoas envolvidas;

• envolvimento dos atores do plano ou projeto, no processo de planejamento, mediante a adoção de mecanismos de planejamento participativo;

• consideração à cadeia de relações e comunicação que ocorre na escola e que interfere no encaminhamento de suas propostas;

• simplicidade e clareza na descrição dos aspectos, processos e ações propostos.

Planejamento como método científico

Lembramos aqui que toda dimensão técnica está associada a um método, que no caso do planejamento é o método científico, que orienta e dá sentido e consistência à reflexão analítica e investigadora dos desdobramentos da realidade e estudo de relações entre os meios e os fins, o oculto e o aparente, o global e o específico, o radical e o superficial, o sistêmico e o fragmentado, o longínquo e o próximo. Esse método científico corresponde à racionalidade compromissada com a verdade objetiva e a busca de sua compreensão em sua essência maior, de modo a promover a superação dos desvirtuamentos causados pela miopia das tendenciosidades, das superficialidades, das ingenuidades, das opiniões vazias causados pela visão limitada do senso comum.

O método científico é o caminho para produzir novos conhecimentos, bem como propõe-se a corrigir e integrar conhecimentos preexistentes e produzir resultados determinados, mediante um conjunto de regras básicas. Desse conjunto fazem parte: i) a realização de observações, quantificações, medidas e descrições qualitativas (caracterização); ii) formulação de explicações hipotéticas das observações e medidas (hipóteses); iii) formulação de previsões lógicas das hipóteses (deduções); iv) testagem da veracidade e confiabilidade das informações obtidas e ideias formuladas (experimentação); v) aplicação das ideias (confirmação).

A aplicação dessas regras envolvem: i) a observação mediante a utilização de instrumentos apropriados; ii) a descrição de modo que possa ser entendida da mesma forma por todos; iii) a previsibilidade de modo que se possa reconhecer a probabilidade de que alguma coisa aconteça no futuro, com base na evolução progressiva das condições do passado e presente; iv) o controle, que corresponde ao acompanhamento a todo o processo, mediante a utilização de planilhas de orientação da observação e registro; v) verificação para confirmação ou refutação das hipóteses definidas, mediante a identificação de causas, correlação de eventos e verificação de ordenação dos mesmos.

Para a realização desse método, um planejamento competente baseia-se fundamentalmente na contínua indagação orientada por questões básicas e clássicas, a seguir indicadas com os correspondentes aspectos a que atendem:
- O quê? – objeto da ação.
- Por quê? – pressupostos da ação.
- Para quê? – objetivo.
- Como? – método.
- Quando? – circunstância de tempo.
- Onde? – circunstância de espaço.
- Para quem? – a quem se destina a ação ou dela se beneficia.
- Com quem? – os atores participantes das ações.

Sua relevância depende diretamente da perspicácia, acurácia, clareza, objetividade, especificidade e precisão com que essas questões conduzem à compreensão da realidade objeto de atenção. Vamos comentar alguns aspectos dessas questões.

O quê?

Esta é geralmente a primeira pergunta que faz o profissional ao se mobilizar para a ação é formular a pergunta: – O que fazer? Quando esta é a primeira pergunta formulada, baseia-se no entendimento superficial de que a existência do profissional na escola e o significado de seu trabalho são geralmente justificados por aquilo que faz (exemplo disso são as descrições profissionais centradas em funções).

A questão se refere à *atividade*, à ação observável ou procedimentos expressos. Observamos que, embora seja comumente a primeira pergunta feita por educadores, quando vão planejar uma ação, não deveria sê-lo, pois *o que se faz* deve ser decorrente de uma questão mais importante que é *"para que se faz"*, tendo em vista que uma ação ou atividade educacional (*"o que se faz"*) é justificada na medida em que são significativos seus objetivos, e que a mesma deve estar diretamente vinculada a objetivos claros, baseados em percepção objetiva de mudanças necessárias. Observa-se, no entanto, e até mesmo com certa frequência, a preocupação de orientadores educacionais e de outros profissionais da área da educação, por encontrar e aplicar técnicas interessantes, inovadoras e atraentes sem, contudo, levar em consideração os propósitos que possam atingir com elas.

Essa prática deixa de levar em consideração a importância de, em primeiro lugar, se explicitar a intencionalidade dos atos educacionais, mediante a proposição de objetivos claros. A prática condiz mais especificadamente com a produção de resultados relativos ao agrado e à satisfação dos sujeitos com a atividade em que são envolvidos. Caso este fosse o único objetivo a ser realizado, voltado exclusivamente para a área do passatempo, da atividade pela atividade, então não se questionaria o procedimento. Mas, como em educação todos os esforços devem ter uma intenção educativa, isto é, de mudança de comportamento, deve-se identificar o que fazer (objeto da ação), em função de objetivos previamente determinados.

Por quê?

A questão *por quê* diz respeito aos pressupostos que subjazem às ações, isto é, às motivações subjacentes. Pressupostos são princípios norteadores das ações, que são utilizados como pontos de partida para fundamentar o processo de trabalho (RIOS, 1992). Por exemplo, o pressuposto que fundamentaria a realização de provas objetivas para a avaliação da aprendizagem dos alunos seria o fato de que o conhecimento pode ser fragmentado em unidades mínimas e é importante que os alunos as dominem como tal. No entanto, o professor pode preferir realizar tais provas, porque elas são mais fáceis de corrigir. Neste caso, a avaliação perde o seu sentido pedagógico e passa a ser uma formalidade para atribuir notas aos alunos.

Depreende-se, portanto, como fundamental que sejam explorados os pressupostos diversos que possam estar subjacentes nas observações feitas e nas decisões tomadas, e até mesmo nas questões apresentadas, uma vez que estes podem alterar inteiramente o direcionamento das ações. Boas ações, baseadas em pressupostos equivocados, do ponto de vista educacional, podem ser inúteis e gerar a falta de credibilidade na ação educativa. Exemplo dessa possibilidade ocorre quando, diante da falta de interesse dos alunos em estudar, propõe-se a seguinte questão – como evitar o comodismo dos alunos?

A questão expressa alguns entendimentos que precisam ser desvelados: o comodismo é considerado a situação mais importante e necessita de intervenção prioritária (releva uma percepção reativa em vez de proativa); a interpretação de que o foco é o comodismo desvia a atenção de outros aspectos que possam explicar a falta de interesse dos alunos em estudar, como por exemplo a falta de vinculação do objeto de estudo com a realidade, a metodologia passiva de ensino.

Para quê?

Uma ação não se justifica por si mesma. A afirmação de que é melhor fazer alguma coisa a não fazer nada, quase nunca é confirmada. São os objetivos das ações, suas reais intenções, isto é, o para quê são desenvolvidas, que as tornam significativas ou não. A amplitude, a direção, o significado dos objetivos de uma ação é que a justificam.

A pergunta – *para que vou fazer isso?* – leva a que se analisem os resultados pretendidos com a ação a ser desenvolvida.

É importante que essa indagação seja a primeira a ser feita em relação a qualquer ação intencional. Essa questão pode tomar outras formas que facilitam a determinação dos objetivos e são traduzidas por:
- Que desenvolvimentos são necessários?
- Que resultados são desejados?
- Que mudanças são necessárias?
- Que inovações precisam ser introduzidas?

As respostas a essas perguntas é que indicarão a necessidade de ação e o direcionamento que deve tomar. Portanto, sempre que se pensar em fazer alguma coisa, a pergunta primeira a se fazer é *para quê*, a fim de identificar o seu objetivo, seguida da pergunta *por quê*, para identificar a sua motivação subjacente. Uma vez aceitas e julgadas importantes as respostas a essas perguntas é que se passa a especificar *o quê* poderá ser feito.

Como?

Meios diferentes poderão produzir os mesmos resultados. Porém determinados meios podem não estar em acordo com os objetivos propostos e até mesmo serem contrários a eles. Os meios se referem a métodos, técnicas, estratégias, procedimentos, emprego de instrumentos (questionários, *check list*, formulários), operações, englobados em atividades.

Portanto, dentre os meios de que se pode dispor para a ação, cabe, inicialmente, analisar sua adequação e propriedade para a realização dos objetivos propostos, indagando-se sobre:

- Quais os meios mais adequados para a promoção dos resultados pretendidos no tempo disponível para a duração do plano ou projeto?
- Em que medida esses meios estão em acordo com os fundamentos e princípios da Orientação Educacional e dos resultados específicos desejados?
- Qual a familiaridade dos atores com os mesmos?
- Em que medida os mesmos podem provocar resistência no contexto em que o plano ou projeto será aplicado?
- Que recursos especiais os mesmos demandam? – eles podem ser acessados para o emprego desejado?
- Que outros resultados, além dos desejados, os meios pretendidos podem promover? Eles reforçam ou enfraquecem os resultados centrais pretendidos? São desejáveis ou indesejáveis?

Essas são, portanto, algumas das reflexões que se deve promover na definição dos meios (estratégias, métodos e técnicas) para a promoção de objetivos nos planos e projetos de Orientação Educacional.

Quando?

Os planos de ação são constituídos para a promoção de resultados, no escopo de um espaço de tempo determinado: um quinquênio, um ano, um semestre, um bimestre, um mês, uma semana, um dia, um turno de aula, uma aula. A consideração desse tempo diz respeito a três aspectos:

- Quanto tempo é disponível para realizar um objetivo?
- Quanto tempo é necessário para essa realização?
- Em que ocasião a ação é mais útil, eficiente e eficaz?

Do exame desses três aspectos deve resultar a identificação de quando iniciar uma ação, quando terminá-la, quando passar de uma fase para outra, e em que época realizá-la e quanto tempo dedicar a ela. Destacamos que a especificação que é feita desse aspecto no cronograma do plano deve ser específica a ponto de se saber com precisão quanto tempo será empregado na atividade, como esse tempo será distribuído, e em que dias e meses. Indicações como, por exemplo: "durante o ano letivo" ou "durante o segundo semestre" não apresentam valor ou contribuição como planejamento, pois não orientam o uso do tempo e não apresentam um termo de compromisso com o mesmo, deixando igualmente de apresentar condições para o necessário monitoramento das ações.

Onde?

A definição da circunstância de espaço, isto é, a localização das ações onde situar-se o desempenho de uma atividade de Orientação Educacional é questão que envolve não só o local físico, disponível e necessário, mas também a sua melhor posição dentro do programa global da escola. A esse respeito, cabe alertar para o fato de que orientadores educacionais muitas vezes tendem a atuar de modo circunscrito aos alunos individualmente considerados a partir de expectativas de professores às quais aquiescem. No entanto, os próprios fundamentos da Orientação Educacional apontam para a necessidade de que seu trabalho se expresse em todo o processo educacional e em toda a escola, de modo que promovam o desenvolvimento integral do aluno como pessoa.

Portanto, de acordo com a natureza e complexidade da Orientação Educacional, a busca de sua realização deve estar integrada a todas as áreas do currículo, em acordo com as possibilidades e características das mesmas.

Para quem?

É um princípio básico da Orientação Educacional que seus esforços se destinem a todos os alunos e não se constituam em privilégio de alguns poucos. Daí porque grande parte das ações dessa área se destina a ações globais na escola e no currículo escolar. Por outro lado, porém, deve-se considerar que nem todos têm as mesmas necessidades e ao mesmo tempo, e que alguns alunos têm necessidades que demandam atenção especial e diferenciada. Daí conclui-se que: i) há necessidade de uma programação inserida no currículo escolar e destinada a todos os alunos; ii) de acordo com as necessidades diferentes evidenciadas, programas específicos são planejados para grupos diferentes e um programa não é necessariamente útil, conveniente ou eficiente, para grupos semelhantes de alunos.

Portanto, é essencial a especificação e caracterização das pessoas a quem se destinam as ações em planejamento, para a obtenção de bons resultados, assim como o dimensionamento de seu número e distribuição. Logo, na especificação dos planos e projetos cabe especificar:

- Quais os grupos específicos para os quais as ações diferenciadas se destinam?
- Quantos são esses alunos em cada grupo e quais suas características e necessidades?
- Qual sua localização e distribuição na escola?

Com quem?

Um aspecto-chave em qualquer planejamento é a determinação das pessoas responsáveis pela realização dos objetivos e suas respectivas atividades. Em programas de Orientação Educacional, todos os participantes da comunidade interna da escola podem ser envolvidos como agentes, como os gestores, os professores, os funcionários, pais e alunos. Também podem ser envolvidos profissionais e voluntários colaboradores, oriundos da comunidade externa. Perguntas relativas a esse aspecto são, por exemplo:

- Qual o potencial das pessoas que participam da comunidade escolar, para contribuir para o desenvolvimento dos objetivos de formação integral dos alunos?
- Qual a responsabilidade direta ou indireta dos diferentes participantes da comunidade escolar, com a realização dos objetivos propostos?

- Quem apresenta maior possibilidade de envolvimento na realização dos objetivos e em que condições?
- Qual o capital cultural da comunidade externa em relação aos objetivos de formação integral dos alunos?
- Que profissionais e voluntários têm maiores condições de contribuir com a realização desses objetivos?

No que concerne aos objetivos da Orientação Educacional, que são, em sua maioria, de natureza desenvolvimentista e complexa, por envolver o educando globalmente, não podem os mesmos ser realizados apenas pelo orientador educacional, tornando-se fator essencial para sua realização, o envolvimento de todos os participantes da tarefa educativa na escola, na família e até na comunidade. Todos têm, a priori, seu quinhão de responsabilidade na sua realização, e, portanto, nela são envolvidos, de uma forma ou de outra.

É preciso, porém, antes de qualquer consideração quanto à determinação de responsabilidades, indagar a respeito da capacidade de envolvimento das pessoas que estariam relacionadas com a implementação do plano ou ação do projeto.

A esse respeito é importante destacar que o planejamento participativo constitui-se em processo pelo qual é possível não só promover antecipadamente esse envolvimento, como também conhecer as habilidades desses participantes e o apoio que necessitarão para superar suas possíveis limitações.

Dimensão política

Não existe planejamento neutro ou apenas concebido como técnica, uma vez que, propondo diretrizes de ação que afetarão pessoas, esse processo define planos que estabelecem uma influência sobre a escola, seus profissionais e seus alunos. Portanto, o planejamento é um processo de sentido social.

Conforme Dallari (1986) afirma: "quando são afetados os interesses fundamentais de um indivíduo ou de um grupo social, todo o conjunto da sociedade sofre consequências de alguma espécie" (p. 20). Tendo em vista que decisões de ordem social afetam a convivência das pessoas e influem sobre a organização, o seu funcionamento e os objetivos da sociedade, os problemas resultantes de tais situações são problemas políticos. Essas informações valem tanto para o sistema macro (a sociedade como um todo), como para os microssistemas (uma escola, ou uma turma de alunos, por exemplo).

Por conseguinte, todos os problemas relacionados à convivência e organização social são problemas da coletividade em que se situam e as soluções, portanto, são buscadas em conjunto, levando-se em conta os interesses comuns. A conjugação das ações de indivíduos e de grupos humanos, dirigindo-as para um fim comum, é, pois, a política. É nesse referencial que se entende a educação como ação política, isto é, como ação que afeta a vida de pessoas e da sociedade e como a ação que demanda o envolvimento de seus membros na reflexão e ação a respeito do seu destino. A responsabilidade educacional é, portanto, uma responsabilidade coletiva, cabendo, no entanto, aos seus profissionais, a responsabilidade maior de liderança, planejamento, coordenação e mobilização para o alcance dos resultados desejados.

Destaca-se, a partir desse entendimento, que a dimensão política do processo educativo e do seu planejamento pressupõe um desdobramento em duas subdimensões: de um lado, a determinação de valores e objetivos junto com a alocação de recursos e condições para a sua efetivação, a partir de situações históricas concretas, visando a sua superação, e, de outro lado, o engajamento de membros da mesma coletividade naquela determinação.

Pensar na dimensão política implica pensar, ao mesmo tempo, nas repercussões das ações educativas sobre os outros e sobre a coletividade, como no próprio envolvimento destes na determinação dessas ações.

O sentido político do planejamento educacional é evidenciado pelo compromisso efetivo que o planejamento expressa com a transformação da realidade, o que se manifesta pela determinação de ações objetivas e factíveis para tornar concretas situações vislumbradas no plano das ideias. Nesse sentido, o planejamento fixa uma política: define ideias a serem concretizadas, a partir de interesses de desenvolvimento. E como o planejamento da educação pressupõe uma ideia de homem em sua problemática social, sua política não é apenas pedagógica, voltada para questões intraescolares, mas sim social, voltada para as questões da sociedade como um todo. Por conseguinte, o planejamento em educação e na Orientação Educacional traduz uma política educacional de compromisso social.

Cabe ressaltar que o planejamento é político, não apenas por prever ações a respeito de grupos sociais, mas também por pressupor o envolvimento de pessoas no seu processo, mediante a tomada de decisão participativa. É, pois, na medida em que o planejamento é participativo que sua dimensão política se realiza – entende-se aqui o significado de político a partir da raiz do termo *pólis*, que significa cidadania.

Uma vez entendido que toda ação educacional é uma ação política, pelos resultados sociais que promove e movimento participativo que envolve, entende-se que, mediante o planejamento, torna-se possível clarificar e direcionar a ação política de maneira mais abrangente e consistente, tornando-a mais significativa. Sendo o planejamento desenvolvido de forma participativa, essa dimensão política torna-se, portanto, mais efetiva. Isto porque a participação consiste já na liberação de potencialidades e de uma sequência de ações e motivações a serviço das mudanças preconizadas, com o envolvimento das pessoas impactadas pelas ações. A participação é, por si, um processo que catalisa e desenvolve a consciência e a mobilização para a ação, estabelecendo um compromisso coletivo pela sua efetivação.

Outra questão a ressaltar é a de que a própria dimensão política da ação educativa demanda que esta seja planejada. Isto porque é o planejamento que garante coerência e consistência à ação em relação à complexidade de seu objeto social, a partir de uma visão global e integrada da realidade, segundo diferentes perspectivas apresentadas pelos participantes, que precisam ser sistematizadas, integradas e organizadas. Sem planejamento, as ações passam a ser simples intervencionismo, constituindo-se em atividades aleatórias e assistemáticas, que ora conduzem para uma direção, ora para outra.

Em decorrência de sua dimensão política, o planejamento envolve uma perspectiva dialética, que considera questões contraditórias, tensões entre diferentes grupos de interesse, conflito de relações e tensões subjacentes a situações aparentemente calmas. Essa dimensão implica em que se realize uma contínua observação e reflexão sobre as intenções motivadoras das intervenções pretendidas sobre a realidade, avaliando a sua legitimidade. Ela envolve também a própria motivação do orientador educacional em seu contexto de trabalho, assim como a orientação que dá ao processo de planejamento e a utilização que faz de seus planos e projetos, pois é possível que sejam utilizados apenas como formalidade para justificar sua presença na escola.

Princípios da Orientação Educacional

A política de ação da Orientação Educacional é traduzida, inicialmente, em seus princípios, que devem permear todos os seus atos e momentos, de modo a traduzir de maneira efetiva o seu papel socioeducacional. É válido destacar que princípios são ideias norteadoras que atribuem direção a um processo e servem como critério para a identificação da eficiência e eficácia de procedimentos e práticas específicas, em consideração a valores que subjazem como pressupostos. Vários são os princípios de Orientação Educacional. A seguir apontamos alguns que consideramos de sentido mais abrangente e apresentamos formas pelas quais os mesmos se podem traduzir nos planos de ação da área.

Princípio um:
A Orientação Educacional é um processo dinâmico, contínuo, sistemático e integrado em todo o currículo escolar.

A fim de que o respeito a este princípio seja demonstrado, o plano de ação deve evidenciar:
• a interligação das atividades da Orientação Educacional com as demais áreas e atividades do currículo escolar e o

modo de ser e de fazer da escola (seu clima e cultura organizacional);

• características de encadeamento, sistematização e continuidade, em oposição à descrição de tarefas isoladas e descontínuas;

– essas características são principalmente evidenciadas na proposição dos objetivos gerais, que indicam uma preocupação com aspectos contínuos e recorrentes.

Princípio dois:
A Orientação Educacional é um processo cooperativo e integrado em que todos os educadores, em especial o professor, assumem papel ativo e de relevância.

O plano de ação deve, pois, demonstrar:

• o trabalho integrado e cooperativo entre professores, direção, especialistas em educação, pais e orientadores educacionais;

– caso as expectativas, atitudes e prontidão para o trabalho dos demais educadores não sejam, num dado momento, adequados para uma ação integrada e cooperativa, deverão constar do plano objetivos para o estabelecimento dessas condições;

• a assistência do orientador educacional prestada ao professor deverá voltar-se para:

i) um melhor entendimento, pelos professores, dos educandos em sua individualidade, assim como em sua inserção social;

ii) criação de um ambiente equilibrado e propício ao desenvolvimento do aluno e sua aprendizagem;

iii) organização de procedimentos que atendam as necessidades básicas de orientação dos alunos;

iv) criação de ambiente escolar aberto, participativo e orientado para a tomada de decisão colegiada e atuação colaborativa.

Princípio três:
A Orientação Educacional vê o aluno como um ser global que deve desenvolver-se equilibradamente em todos os aspectos: físico, mental, emocional, social, moral, estético, político, educacional e vocacional.

O plano de ação deve apresentar:
- objetivos específicos em todas as áreas, a fim de atender a todas as necessidades do educando e promover o seu desenvolvimento integral:

   – observa-se que essa preocupação da Orientação Educacional pelo desenvolvimento global do educando é uma preocupação da própria educação, do que se conclui que sua efetivação deverá estar expressa em todas as áreas do currículo, sendo o programa de Orientação Educacional um elemento importante na liderança integradora de todas elas;

   – caso o orientador educacional observe, tendo em vista a análise das necessidades dos educandos, considerados em geral na escola como um todo, ou em grupos específicos, que um dos aspectos nomeados é prioritário em relação aos demais, poderá dar-lhe especial atenção, desde que seu julgamento seja objetivamente fundamentado.

- realização de sessões coletivas de Orientação Educacional que contemplem problemáticas vitais de todas essas áreas;
- atendimento específico a grupos de alunos que demandem atenção diferenciada.

Princípio quatro:
A Orientação Educacional é um processo de assistência direta ou indireta a todos os educandos, indistintamente.

O plano de ação deverá, pois, apresentar:
- objetivos voltados para todos os alunos: estratégias de caráter preventivo e desenvolvimentista, de atendimento em grupo ou atendimento indireto, a fim de que esses objetivos educacionais possam ser realizados;
- consideração e atendimento aos princípios de equidade e inclusão;
- estratégias de implementação dos programas de Orientação Educacional que procurem equacionar, com equilíbrio, o problema da proporção elevada de alunos por orientador educacional, mediante atendimento em grupo e em sessões de orientação;

- assistência aos professores e acompanhamento ao seu trabalho, a fim de que estes possam melhor atender a todos os seus alunos, vendo-os e assistindo-os em seu processo de desenvolvimento global e em suas necessidades emocionais.

Princípio cinco:
A Orientação Educacional procura, antes de tudo, promover experiências e condições que favoreçam o desenvolvimento do educando e prevenir situações de dificuldade, de modo que a remediação de problemas já criados não seja o foco inicial e principal.
O plano de ação deve demonstrar atenção para:
- a criação de um clima educacional equilibrado e cooperativo;
- o envolvimento dos professores pelo desenvolvimento integral dos alunos;
- a realização de projetos e sessões de Orientação Educacional que focalizem a reflexão sobre problemas de desenvolvimento pessoal dos alunos;
- o desenvolvimento de atitudes, hábitos, percepções, habilidades pessoais no educando, como parte de um processo global de formação pessoal;
- a instituição de atuação de professor-orientador em cada turma de alunos.

Diretrizes do planejamento em Orientação Educacional

Para ser eficaz e traduzir o espírito da Orientação Educacional, além dos princípios anteriormente apontados, o planejamento de seu trabalho deve pautar-se pelas seguintes diretrizes:
- A promoção, direta ou indireta, do bem-estar do educando, do seu desenvolvimento e de sua autodireção deve constituir-se na base de todas as ações e objetivos da educação e da Orientação Educacional, devendo, portanto, pelas ações do orientador educacional, incorporar-se no planejamento e implementação do currículo escolar.
- A realidade do educando e do seu contexto sócio-econômico-cultural deve ser levada em consideração, em todos os

seus aspectos, quando da proposição de objetivos e atividades educacionais.

• Em todas as fases do planejamento deve ocorrer a maximização das habilidades e interesses de professores, pais e dos demais participantes do processo de Orientação Educacional, bem como de agências da comunidade, de modo que, por sua participação, os alunos possam ter experiências educacionais mais efetivas e estimulantes.

• Todas as pessoas a serem envolvidas na implementação do programa de Orientação Educacional devem participar da fase de seu planejamento, contribuindo com suas ideias para o mesmo.

4
Plano anual de ação

Nesta unidade deste livro é apresentada a descrição dos diferentes componentes do plano anual de ação para a Orientação Educacional. É importante ter em mente que seu objetivo é apresentar a estrutura do plano e o significado dos diferentes componentes e não explorar o conteúdo do plano que é peculiar a cada escola. Destacamos também que, embora o enfoque seja o plano anual, os planos semestrais e bimestrais seguem a mesma estrutura. Dessa forma, esta estruturação serve como referência para o planejamento de ações em outras dimensões de tempo.

Descrição

O plano anual de ação em Orientação Educacional caracteriza-se por apresentar as linhas globais e estruturais para o ano a que se refere. Essas linhas globais e estruturais **correspondem**:
- ao posicionamento da Orientação Educacional no processo educacional proposto pela escola, para o que leva em consideração o Projeto Pedagógico da escola;
- às diretrizes gerais e ao enfoque de ação (remedial, preventiva e desenvolvimentista; direta e indireta; individual e em grupo), dimensionando e articulando esses diferentes enfoques;
- à identificação de necessidades amplas de desenvolvimento integral dos alunos, inserindo na perspectiva desse desenvolvimento as suas problemáticas específicas e situacionais;

- às proposições globais de ação para atendimento a essas necessidades e problemáticas;
- à efetivação dos objetivos da Orientação Educacional com foco no desenvolvimento dos alunos, mediante trabalho em equipe e envolvimento de professores, pais e colaboradores da escola.

O plano anual de ação estabelece o âmbito e o sentido geral da ação da Orientação Educacional, do qual emergem, mediante especificações maiores, projetos bimestrais, mensais ou projetos por áreas de atenção, como por exemplo orientação vocacional, relacionamento interpessoal, etc. Tendo em vista o caráter de generalidade de um plano anual, o mesmo não é eficiente na orientação de ações específicas, mas serve para orientar e direcionar seu planejamento, que se traduzirá em projetos específicos de ação.

Destaque para duas qualidades do Plano Anual

Embora destacadas anteriormente as qualidades de flexibilidade e viabilidade, cabe, no contexto da apresentação do plano anual, destacar alguns comentários específicos neste contexto.

Flexibilidade do Plano Anual

Tendo em vista a constante modificação de necessidades dos educandos e da escola, inclusive em decorrência da própria atuação da Orientação Educacional, e também em face de fatores vários, como, por exemplo, o fluxo da população escolar, o plano anual da Orientação Educacional deve caracterizar-se pela flexibilidade, de modo a prever a possibilidade dessas variações, cuja ocorrência se pode antecipar, embora não o seu conteúdo. Essa qualidade deve ser orientada não só para a necessidade de renovação do plano de ação, de ano para ano, a fim de atender à modificação das necessidades e condições de trabalho, mas também para estabelecer uma amplitude tal, que permita, no decorrer do ano para o qual é proposto, o estabelecimento das revisões e modificações que se fizerem necessárias. Portanto, o plano anual deve ser ajustado periodicamente, mes-

mo durante o processo de sua implementação. Fatores que promovem essa necessidade são:
- a dificuldade para prever e controlar com precisão situações muito complexas e longínquas no tempo;
- a ação encetada, por certo, que acarretará uma série de mudanças, sendo que algumas são inesperadas, exigindo adaptações.
- se e quando o plano anual de ação de Orientação Educacional for repetido de ano para ano, sem alteração, pode-se antecipar que ele se enquadre em alguma ou várias das situações seguintes:
    – foi elaborado com uma preocupação burocrática, no sentido de atender apenas a um interesse de formalização do trabalho e não de sua efetivação;
    – foi considerado e elaborado como um modelo teórico dissociado da ação ("na teoria é uma coisa, na prática é outra");
    – não se baseou numa análise adequada e atualizada da realidade, nem a leva em consideração como base para o planejamento;
    – não prevê e, consequentemente, não se baseia em avaliações periódicas, realizadas durante ação (avaliação formativa) e avaliação do final das ações (avaliação somativa), que revelariam a necessidade de mudanças necessárias.

O planejamento é um processo contínuo que envolve permanente reflexão em torno da realidade e das possibilidades de ação em relação à mesma. O delineamento de um plano anual não exclui a necessidade de persistente processo de observação – reflexão face ao exercício de sua implementação. Portanto o plano anual está sempre em questão, o que leva à sua realimentação e reajustamento periódico, na medida da necessidade.

A viabilidade do Plano Anual

O plano anual de ação, por referir-se a problemáticas, objetivos e estratégias de sentido amplo, alcançáveis em longo prazo, corre o risco de não receber a devida atenção quanto aos aspectos de sua efetiva realização, dessa forma correndo o risco de serem considerados como retóricos ou teóricos. Por esse motivo, é válida a afirmativa de que "o grande problema do planejamento não está em como preparar bons planos, mas em como implantá-los (TRISTÃO, 1978, p. 8). Aos orientadores educacionais cabe, portanto, a cada passo da elaboração do plano anual, analisar a viabilidade de suas propostas e ajustá-las à realidade, de maneira que possam ser efetivadas, pois planos são feitos para serem executados, e não para se constituírem em um fim em si mesmos.

É importante, no entanto, considerar que, se o plano anual não exerce o papel de inspirar, motivar e orientar a ação, afetando significativamente a realidade, o problema poderá residir não apenas no plano, por ser inadequado, ou no orientador educacional, por falta de capacidade de disciplinar sua ação e orientá-la objetivamente, mas também no próprio processo de planejamento.

Componentes do plano

Um plano anual de ação articula uma série de componentes, sem os quais será incompleto. O processo de planejamento envolve a análise e descrição desses componentes, feita de maneira a integrá-los e relacioná-los entre si, do que resulta a consistência e coerência de todas as partes e a integração dos mesmos na ação a ser desencadeada. Esses componentes são, em geral, os mesmos de um projeto, variando apenas em especificidade. A seguir são descritos os componentes essenciais de um plano anual.

Levantamento e descrição da realidade

Toda intervenção que se proponha sobre uma situação precisa estar baseada no conhecimento e compreensão da mesma, tanto mais objetiva, específica e completamente quanto possível. Desse conhecimento depende a própria validade da intervenção.

Por conseguinte, para que o planejamento tenha condições de adequar o plano ou projeto às condições do contexto para o qual se volta, é fundamental e básico que se apoie em um levantamento acurado e preciso de dados e informações sobre esse contexto, suas características e necessidades, desafios e perspectivas de desenvolvimento.

Da descrição da realidade deve constar uma ampla caracterização dos alunos e suas necessidades de desenvolvimento à luz dos desafios sociais, assim como uma caracterização da escola, aspectos que serão a seguir comentados.

Quanto aos alunos

O levantamento de dados sobre os alunos envolve o conhecimento de sua distribuição na escola, em relação a suas características gerais, socioeconômicas, seu desenvolvimento e suas necessidades, assim como a caracterização de variações entre subgrupos.

i) Caracterização geral

Deve-se identificar o número de alunos por série, turmas e sexo, mais a média etária dos mesmos por série. Essa caracterização numérica é imprescindível, a fim de que se possa estabelecer a proporção de alunos em grupo de necessidades especiais, uma vez que se sabe que essas características correspondem a diferentes interesses e necessidades, bem como que a proposta de estratégias e organização de atividades pode variar segundo as características dos grupos de pessoas a que se destina.

ii) Caracterização sócio-econômico-cultural

Essa caracterização diz respeito ao levantamento de informações a respeito de condições e aspectos da família e da comunidade em que o aluno vive e, em especial, da estimulação ambiental que o aluno recebe e está sujeito. Comumente, faz-se o levantamento do nível profissional e salarial da família. Porém, essas informações, embora significativas, não são suficientes, pois não indicam, por si, necessariamente, o tipo de estimulação que os alunos estariam recebendo, uma vez que as pessoas de mesmo grupo social têm valores, hábitos e práticas variadas com relação à educação dos filhos, estes elementos exercem influências diversas e acentuadas sobre eles.

iii) Caracterização de necessidades
Uma necessidade se constitui na discrepância entre um estado ou condição presente e um estado ou condição desejada. A caracterização de necessidades dos alunos refere-se portanto à:
- Identificação do estágio de desenvolvimento dos alunos em relação às tarefas evolutivas que devem desempenhar, principalmente em relações às áreas:
  – pessoal,
  – social,
  – educacional,
  – vocacional.
- Determinação da diferença existente entre as condições presentes e as desejadas, face a expectativas individuais, sociais e educacionais quanto ao desempenho dos alunos.
- Identificação dos desafios sócio-econômico-culturais a serem enfrentados pelos alunos para participarem efetivamente e em perspectiva de desenvolvimento da conjuntura e dinâmica social.

Com essa perspectiva, é importante evidenciar que à identificação de necessidades compete adotar uma perspectiva proativa de futuro, pela qual se identifica o movimento evolutivo necessário, em vez de ater-se ao que falta, que tem caráter rotulador e muitas vezes estigmatizador do aluno.

Quanto à escola
É fundamental verificar em que medida o ambiente escolar está organizado para estimular e orientar o desenvolvimento e a aprendizagem dos alunos. Essa verificação envolve a caracterização dos recursos humanos, físicos e materiais, assim como o clima e a cultura organizacional da escola.

i) Caracterização dos recursos humanos, físicos e materiais
Essa caracterização refere-se a todos os recursos relevantes para a realização de programas de Orientação Educacional e volta-se para a identificação daquelas condições com quem se pode contar, mas também para aquelas que se deve propor, criar, modificar, a fim de se promover o aprimoramento gradativo da

educação e do processo de Orientação Educacional. Envolve, portanto, além da identificação dos recursos, uma análise dos mesmos, quanto à sua capacidade de apoiar e orientar o trabalho de formação dos alunos, como por exemplo: limpeza, luminosidade, aeração, organização do espaço; exposição nas paredes de corredores e salas de aula de cartazes informativos e pedagógicos e de trabalhos dos alunos; recursos pedagógicos estimulantes; disponibilização e organização de uso contínuo por alunos e professores, de livros e equipamentos facilitadores e enriquecedores da aprendizagem, etc.

A caracterização dos recursos físicos e materiais disponíveis para o desenvolvimento do processo de educação e especificamente dos projetos de Orientação Educacional indica, de um lado, quando escassos, as suas limitações e, de outro, mediante uma perspectiva proativa, representa a necessidade de criatividade em atividades e adaptação de funções e programas e aponta também para movimentos necessários de desenvolvimento de parcerias para a superação dessas limitações.

A caracterização de recursos humanos volta-se não só para a identificação do número de pessoas envolvidas no processo educativo, suas respectivas funções e relação com a realização dos objetivos propostos na área da Orientação Educacional, mas também, e em especial, para:

• a percepção dessas pessoas quanto a seu papel na facilitação do desenvolvimento integral do aluno e o entendimento dessa necessidade;

• suas expectativas quanto à ação do orientador educacional e a adequação dessas expectativas em relação ao apoio ao aluno;

• sua predisposição, disponibilidade e preparação quanto a participar, cooperativamente, na realização dos objetivos propostos pela Orientação Educacional para orientar e apoiar o desenvolvimento integral do aluno na escola.

ii) Caracterização do clima e cultura organizacional da escola
A cultura organizacional da escola corresponde a um modo de ser e de fazer adotado em conjunto no estabelecimento de ensino,

desenvolvido na sua história, e que é caracterizado por valores subjacentes a ações, crenças e tendências que acabam determinando e condicionando um padrão de desempenho escolar. Essa caracterização diz respeito à identificação e análise, dentre outros aspectos, de:

- normas, regulamentos e procedimentos adotados comumente na escola, tanto de forma explícita quanto implícita;
- atitude geral dos participantes do contexto escolar quanto aos desafios estabelecidos pelas condições da escola, de seu corpo discente e de seu próprio trabalho;
- relações de poder, relacionamentos e estilos de comunicação adotados;
- hábitos e tendências expressos no enfrentamento e na resolução de problemas;
- efeitos desses aspectos, sejam positivos, sejam negativos, na promoção do desenvolvimento integral dos educandos.

Cabe realizar essa caracterização de modo a analisar e oferecer a compreensão das nuanças, tendências e variações do clima e cultura organizacional da escola, a fim de evidenciar como contribuem ou deixam de contribuir para a efetivação dos propósitos da formação e aprendizagem dos alunos.

Análise da realidade, estabelecimento de prioridades e de alternativas de ação

A partir do levantamento e descrição da realidade, com vistas à identificação de necessidades e de condições disponíveis e necessárias para a ação, realiza-se uma análise interpretativa das informações obtidas. Essa análise tem como objetivo o estabelecimento de prioridades, com o propósito de se identificar necessidades relevantes, importantes e fundamentais, tendo-se em mente que nem sempre a problemática mais aparente é a que prevalece, ou aquela que se manifesta mais frequentemente é a mais importante. Essa condição alerta para o fato de que a análise da realidade seja efetivada cuidadosamente, pesando o significado e o dimensionamento de seus diversos desdobramentos, de modo a verificar quais dos aspectos são essenciais e prevalentes e quais os secundários e esporádicos.

A análise e a verificação permitem estabelecer quais são as necessidades prioritárias e seu nível de importância e, em última instância, a caracterização do "problema" foco do trabalho (ver na sessão seguinte). Também envolvem a identificação de possíveis formas de atuação, com base na qualidade e quantidade de recursos evidenciados, bem como a especificação de mudanças que se tornam necessárias na situação evidenciada.

Mediante esse estudo, chega-se ao estabelecimento de prioridades e de alternativas de ação que possibilitem a proposição de objetivos e de ação válidos.

Descrição de objetivos

Toda ação e procedimentos em Orientação Educacional são caracterizados pela intencionalidade, isto é, são orientados pela produção de resultados voltados para a formação integral do aluno como pessoa. E é na medida em que esses aspectos são adequadamente determinados e descritos que a ação adquire condições de tornar-se eficaz. A definição e descrição de objetivos se constituem numa das mais importantes condições de organização e planejamento de qualquer ação educativa em geral e, em especial, da Orientação Educacional, pois dessa especificação dependem, fundamentalmente, a direção e eficácia das ações planejadas. Conforme já indicado anteriormente, são os objetivos que determinam o que fazer, que métodos e estratégias de ação selecionar.

Dada a centralidade de determinação e descrição de objetivos no planejamento, a problemática será abordada, em especial, na unidade 6 deste trabalho.

Especificação da ação

O plano de ação, propriamente dito, constitui o núcleo operacional a ser utilizado pelo orientador educacional como um mapa de viagem e, portanto, acessado continuamente e utilizado para monitorar e avaliar as ações realizadas, em face dos objetivos propostos. Nele são:

- estabelecidos os objetivos para cada um dos grupos a que a ação se destina, como por exemplo para alunos do 1º ano, professores de 1º ao 4º ano, alunos em fase de escolha profissional, pais de alunos do 5º ano, etc.;
- indicadas as estratégias julgadas apropriadas para a efetivação dos objetivos apontados, e que se constituem na descrição de como se vai desenvolver uma ação ou atividade;
- especificadas as atividades, isto é, o que se vai fazer, em ordem sequencial, de acordo com as bases de apoio necessárias para efetivar os objetivos;
- previstas as datas do cronograma de ação, início e término das ações, e a distribuição do tempo em termos de número de horas necessário para cada uma dessas ações.

É importante ter em mente que as especificações têm como foco não apenas a descrição detalhada das operações a serem desenvolvidas, mas também a especificação dos conteúdos que as caracterizam e lhes dão significado.

Monitoramento e avaliação

O monitoramento é um processo permanente de verificação e análise de informações referentes à execução das atividades programadas em um plano ou projeto, com o objetivo de subsidiar a sua gestão, especialmente no que se refere aos ajustes e correções que se fizerem necessários à sua efetivação.

O *monitoramento* se refere à eficiência do processo e responde a perguntas como:
- Em que medida e de que forma estão sendo realizadas as ações propostas? Que orientações são necessárias?
- Em que medida as responsabilidades propostas estão sendo assumidas pelos responsáveis? Que ajustamentos são necessários?
- Em que medida o cronograma proposto está sendo cumprido? O que tem afetado seu ritmo?
- Caso estejam sendo necessários ajustamentos na proposta, que aspectos objetivos demandam esses ajustamentos e por quê?

A *avaliação* diz respeito ao julgamento da realização dos objetivos propostos, em seus desdobramentos (objetivos específicos) e em seu conjunto (objetivos gerais). Essa avaliação é realizada durante a implementação do plano ou projeto (avaliação formativa) e ao final do mesmo (avaliação somativa).

A avaliação criteriosa e objetiva dos planos de ação da Orientação Educacional é uma necessidade imperativa, pois é só por meio dela que se poderá:

- demonstrar que a ação produz alguma diferença quanto ao desenvolvimento dos alunos, isto é, que a Orientação Educacional é efetiva;

- promover o aprimoramento da ação como consequência de sugestões resultantes da avaliação, isto é, uma vez verificando que os objetivos não estão sendo realizados, no decurso das ações, as mesmas poderão ser revistas durante o processo.

Cabe à Orientação Educacional ser capaz de demonstrar os resultados de sua atuação, pois dessa demonstração depende o estabelecimento e a manutenção do reconhecimento público à validade de seu trabalho. Cabe ainda voltar-se para seu próprio aperfeiçoamento e desenvolvimento, por meio da identificação da propriedade de seus objetivos e estratégias.

Observa-se da análise de planos de ação em Orientação Educacional que comumente:

- as propostas de avaliação, quando apresentadas, são vagas e não especificam os critérios ou indicadores que, ao serem comparados com informações obtidas no processo de medida, possibilitariam a emissão de um julgamento de valor, um procedimento básico no processo de avaliação;

- as propostas de avaliação são incompletas e deixam de prever as estratégias, mecanismos e instrumentos necessários ao levantamento de informações necessárias para a avaliação.

A fim de se poder realizar o processo de avaliação de maneira objetiva e criteriosa, é necessário que, na fase do planejamento, se observem os requisitos e procedimentos a seguir descritos e em geral sugeridos por teóricos e estudiosos da ava-

liação (GRONLUND & BROOKHART, 2008; PATTON, 2008 e ARMANI, 2000):
- Planejar todas as ações antes de iniciá-las e descrevê-las tanto mais especificamente quanto possível, de modo a se organizar e preparar-se para as mesmas, antecipando possíveis imprevistos e desafios especiais.
- Definir os objetivos em termos dos resultados esperados, das mudanças desejadas, das inovações necessárias, procurando observar que:

    i) cada objetivo se constitua na descrição de um comportamento que deve ser desenvolvido até o final do programa;

    ii) o comportamento esperado seja, tanto quanto possível, observável, de modo que a observação de sua efetivação não seja resultante de inferências e suposições;

    iii) cada objetivo apresente um comportamento unitário, isto é, que cada um deles proponha um só resultado – mesmo quando sejam intimamente relacionados uns aos outros, devem ser descritos separadamente, de modo a garantir a sua avaliação formativa;

    iv) cada objetivo seja descrito em linguagem simples, clara, precisa e direta, sugerindo um único significado, de maneira que seja interpretado da mesma forma em diversas ocasiões;

    v) cada objetivo proposto esteja em nível alcançável pelo aluno, isto é, que, enquanto voltado para o desenvolvimento do aluno, o seja em nível e grau de dificuldade e esforço que ele possa superar.

- Planejar atividades apropriadas para o desenvolvimento de todos os objetivos. Caso se tenha por objetivo desenvolver, por exemplo, o espírito de iniciativa dos educandos, deve-se programar atividades em que essa iniciativa seja estimulada e orientada, possa manifestar-se e se desenvolver.
- Selecionar ou elaborar instrumentos apropriados para a medida e identificação dos resultados. Esta operação faz parte da fase do planejamento. Ela é trabalhosa, tendo em vista que todos os programas variam entre si, por terem ob-

jetivos diferentes em sua natureza e nível, em vista do que, para cada um deles está implícita a necessidade de se montar instrumentos próprios de avaliação.

• Desenvolver métodos que permitam determinar se os resultados identificados são de fato resultantes das ações propostas ao invés de serem resultantes de efeitos paralelos.

No anexo 1 é apresentado um esquema de plano anual de ação em Orientação Educacional, do qual constam elementos mais comumente utilizados na prática. O anexo 2 traz um esquema sugerido pelo Serviço de Orientação Educacional e Vocacional do Departamento de Ensino de 1º Grau da Secretária de Estado de Educação do Paraná, aos estabelecimentos da rede estadual de ensino (LÜCK, 1979a).

Detalhamento do plano anual de ação

O detalhamento e especificação do plano anual de ação é feito em projetos e pode ser realizado de duas maneiras, seguindo lógicas diferentes, conforme seja considerado mais adequado e próprio ao atendimento e acompanhamento às problemáticas focadas, de acordo com o fator tempo e perspectivas de maior efetividade. Ele pode ser feito tanto no sentido vertical, como no horizontal.

Detalhamento vertical
Realiza-se um detalhamento vertical, quando o plano anual é especificado em subunidades de ação, tendo-se por base a área da problemática a atender. O mesmo possibilita tratar uma única problemática, com maior profundidade e em caráter de continuidade maior e sistematização. Resultam desse tipo de detalhamento projetos de temáticas de Orientação Educacional específicas, como por exemplo a escolha profissional, o relacionamento interpessoal, hábitos de estudo, autoimagem, valores, etc. Cada projeto sobre uma determinada problemática terá o tempo alocado ao longo do ano letivo, em acordo com a necessidade para seu atendimento. Nesse tipo de detalhamento é importante cuidar para não se perder a integração e relacionamento da área trabalhada com as demais, uma vez que, por

exemplo, escolha vocacional, hábitos de estudo, relacionamento interpessoal, autoimagem e valores são, de fato, aspectos interligados, e uns favorecem aos outros em seu desenvolvimento.

Detalhamento horizontal
Quando o plano anual é especificado em subunidades de ação, tendo por base um período de tempo delimitado, realiza-se um detalhamento horizontal, pelo qual são abrangidas várias áreas de atendimento, que são especificadas segundo o tempo disponível. Resultam disso os projetos bimensais, muito em voga, como forma de ajustamento ao período letivo. Nesse caso, garante-se a integração horizontal entre as diferentes áreas de desenvolvimento.

No entanto, como elas não se esgotam num projeto e não se realizam de uma vez por todas em um curto espaço de tempo, deve-se cuidar, ao se realizar esse tipo de detalhamento, para não se perder a continuidade e sistematização ao atendimento a cada uma das áreas, ao longo do ano letivo. A Figura 9 demonstra as direções do detalhamento do plano anual de ação.

Figura 9
Detalhamento do plano anual

Área / Tempo	PESSOAL	SOCIAL	EDUCACIONAL	VOCACIONAL
1º BIMESTRE				
2º BIMESTRE				
3º BIMESTRE				
4º BIMESTRE				

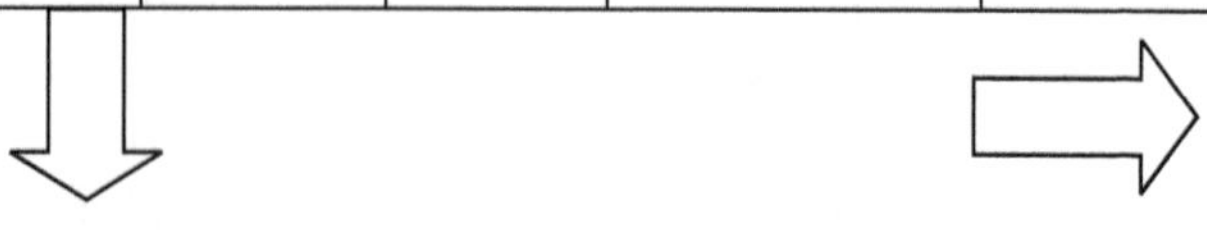

Detalhamento Vertical ⬇
Detalhamento Horizontal ➡

A seguir é apresentada a Figura 10 que apresenta os passos do planejamento que sintetiza os aspectos principais do que foi analisado anteriormente.

Figura 10
Passos do planejamento

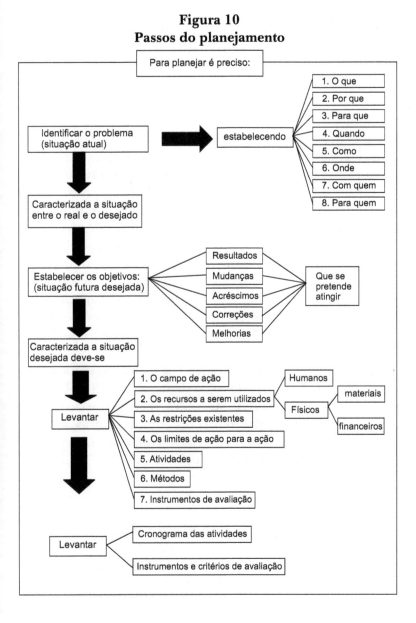

5
Projeto de pesquisa-ação

A pesquisa-ação constitui-se numa metodologia que combina concomitantemente a intervenção e a construção de conhecimento, focadas em um contexto delimitado, e aplicada mediante um plano de ação que associa a influência sobre a realidade mediante ações específicas voltadas para modificá-la, produzir a sua transformação, ou resultados novos, ao mesmo tempo em busca construir conhecimento tanto sobre o processo evolutivo da realidade face à intervenção, como sobre o poder da metodologia de intervenção empregada e sua interação com a realidade. Trata-se de um tipo de pesquisa social com base empírica, realizada em estreita associação com uma ação ou com a resolução de um problema coletivo que demanda participação de diversos atores, que se tornam participantes da construção de conhecimento (THIOLLENT, 1997).

Tendo em vista o fato de que o exercício profissional consciente e consistente em educação demanda a reflexão sobre a realidade, compreensão de suas características e de sua evolução em decorrência das intervenções pedagógicas, a pesquisa-ação se constitui em metodologia adequada para orientar os projetos de Orientação Educacional.

Projetos de Orientação Educacional

Conforme indicado anteriormente, o plano anual de ação estabelece as linhas globais da Orientação Educacional para um dado ano letivo e é caracterizado por proposições amplas e generalizadas, dado o seu caráter abrangente. Esse plano anual é necessário, a fim de que se estabeleça o sentido e a organização geral do trabalho, bem como a continuidade, sistematização, integração e unidade dentre os objetivos e as ações propostos para os diferentes segmentos e momentos de ação. No entanto, para efetivar-se, faz-se necessário que ele seja detalhado em níveis de maior especificidade, a fim de que seja criado um mecanismo e recurso que estabeleça maior direcionamento, controle e eficácia da ação. Esse detalhamento é feito sob a forma de projetos, conforme já anteriormente apontado.

A realização de projetos de pesquisa-ação para estabelecer o necessário detalhamento tem sido considerada uma das formas mais adequadas para o planejamento das ações específicas em Orientação Educacional, por promover, além das vantagens diretas do planejamento, outras que são apontadas a seguir.

Descrição da pesquisa-ação

A pesquisa-ação organiza o esforço no sentido de resolver problemas reais, de caráter próximo, no processo educativo. Ela envolve a verificação para confirmação ou não, de hipóteses plausíveis sobre a viabilidade de propostas de ação para a solução de problemas, utilizando um sistema estruturado e organizado de observação, registro e análise dos acontecimentos, e envolvendo uma cuidadosa atenção com instrumentos e procedimentos de aplicação de ações para a realização dos objetivos propostos. Em outras palavras, a pesquisa-ação se constitui no estabelecimento de procedimentos de investigação adequados para estudar a busca de solução para problemas educacionais em seu contexto natural, em associação a intervenções organizadas.

Portanto, a pesquisa-ação, ao mesmo tempo em que pretende compreender ou descrever o mundo da prática, procura transformá-lo, de modo participativo e crítico, pelo envolvimento pleno de seus sujeitos, criando um verdadeiro processo de práxis social, daí porque são pensados e implementados mediante participação coletiva e também assim estudados e avaliados (FRANCO, 2005). Desse modo, constitui-se em um processo de reflexão-ação coletiva, conforme reafirmado por Franco, em que todos são sujeitos e beneficiários, de uma forma ou de outra, da intervenção e da construção do conhecimento derivada. Todos são atores e pesquisadores, planejadores e implementadores, agentes e beneficiários.

Pela pesquisa-ação é possível que se vão introduzindo modificações na ação educacional quase que simultaneamente ao surgimento dos problemas, de maneira a controlar essa introdução e analisar seus efeitos, com vistas ao controle e adequação concomitante das ações, de acordo com a evolução do quadro. Essa pesquisa se baseia no princípio de que toda ação deve ser planejada e implementada não só com vistas à facilitação e promoção de resultados, mas também com vistas à obtenção de evidências objetivas dos resultados alcançados e de como são produzidos, a fim de que se procedam, quando for o caso, as reformulações necessárias. Ela envolve a aplicação de métodos científicos em relação ao planejamento, à implementação e à avaliação da ação, de maneira a se poder verificar, em situações reais, as hipóteses orientadoras, além de tornar mais efetivas as ações e construir conhecimentos que promovam a maior qualificação dos processos educacionais.

Importância

Em Orientação Educacional, a realização da pesquisa-ação é primordial já que, procurando promover, de maneira organizada e científica, ao mesmo tempo que naturalística e qualitativa, uma situação de ajuda, criam-se meios de se formar um corpo de conhecimentos a respeito de quais os métodos que produzem os resultados pretendidos, quais os que não os produzem, que resultados não esperados ocorrem e em que circunstâncias, como esses objetivos realizados se integram a outras ações, etc. Esse corpo de conhecimentos indicaria o melhor rumo para a Orientação Educacional face à realidade da escola brasileira e possibilitaria, a partir daí, a proposta de modelo de Orientação Educacional fundamentado em bases empíricas de integração entre teoria e prática, vindo a contribuir para a sistematização da práxis da Orientação Educacional.

Enfoque
O enfoque da pesquisa-ação em Orientação Educacional volta-se para:
- a resolução de problemas concretos e construção de conhecimentos associados a esses problemas e intervenção sobre os mesmos, em seu contexto natural, e não para a mera formulação de teorias, leis ou generalizações descontextualizadas;
- a melhoria da prática da Orientação Educacional, no contexto de sua inserção, de modo que contribua o mais efetivamente possível para a qualidade do ensino e a formação dos alunos;
- a constituição de grupos de pessoas e situações específicas a que se refere, considerando a sua perspectiva única e singular;
- flexibilidade na implementação do projeto, de maneira a possibilitar modificações julgadas necessárias durante o curso da ação, nos procedimentos, com vistas a seu aperfeiçoamento e melhor atendimento à dinâmica evolutiva da situação que envolve;
- aquisição e desenvolvimento de habilidades relativas ao processo de pesquisa, de hábitos de análise de causas, consequências e relações, e de pensamento objetivo, sem a perda da perspectiva qualitativa do conhecimento e das intervenções;
- a criação e alimentação contínua de um corpo de conhecimentos teórico-metodológicos para a fundamentação e norteamento dos trabalhos da Orientação Educacional.

Objetivos da pesquisa-ação
A pesquisa-ação em Orientação Educacional serve a vários objetivos correlacionados, dentre os quais se destacam os que visam:
- resolver problemas e desafios relacionados ao desenvolvimento humano em relação aos aspectos sociais e afetivos associados ao processo educacional;
- promover a introdução de inovações de procedimentos, métodos e técnicas;

- coletar evidências, de maneira objetiva, para identificar a qualidade dos procedimentos, métodos e técnicas empregados;
- promover a validação de procedimentos, métodos e técnicas, identificando os que devem ser mantidos, modificados ou substituídos;
- promover o treinamento em ação, realizado de maneira cooperativa a autodidata, dos envolvidos no processo;
- verificar a inserção dos objetivos da Orientação Educacional no currículo e seus resultados na formação dos alunos;
- aprimorar as práticas de Orientação Educacional.

Passos básicos

Os passos do projeto de pesquisa-ação correspondem ao método cientifico e envolvem, em seus componentes essenciais, procedimentos de diagnóstico de problemas do currículo ou de desenvolvimento racional do currículo.

A seguinte sequência é comumente apresentada:
- descrição das dificuldades e desafios detectados;
- identificação e descrição dos fatores a eles associados (análise do problema);
- elaboração de hipóteses que parecem oferecer explicações possíveis para as causas de dificuldades e proposição de alternativas plausíveis para a superação do problema;
- proposição de métodos e técnicas adequados para se testarem as hipóteses e superação do problema, assim como para o monitoramento de sua implementação e avaliação de seus resultados.

A seguir são apresentadas informações a respeito da descrição do problema, sua análise e hipóteses de solução. Deixar-se-á de descrever outros aspectos do projeto que já foram anteriormente abordados na unidade "Plano anual de ação" ou que serão analisados na unidade "Objetivos".

Descrição do problema

Um problema é uma questão que envolve intrinsecamente uma dificuldade teórica ou prática, para a qual se deve encontrar uma solução. A definição e a análise do problema a ser trabalhado e pesquisado constituem-se nos passos iniciais e dos mais importantes da pesquisa-ação. Da clareza de suas proposições dependem os bons resultados dos passos seguintes.

A definição e a descrição do problema tratam da identificação de uma área de interesse sobre a qual se pretende atuar. Essa área deve ser caracterizada pela necessidade de se promover uma facilitação de: i) desenvolvimento normal; ii) melhoria de condições que possibilitem esse desenvolvimento; iii) correções de dificuldades, ou de qualquer outro resultado. Trata-se da delimitação de uma área sobre a qual se pretende atuar, mediante a sua descrição analítica e interpretativa, realizada de forma explícita.

A identificação do problema pode ser feita por meio de observações, entrevistas, inventários, questionários ou outros recursos e instrumentos que se prestem ao levantamento objetivo de dados e informações. O uso de tais técnicas é necessário, tendo em vista que a identificação do problema deve basear-se em informações empiricamente obtidas.

Comumente tem-se adotado em Orientação Educacional, para a identificação e descrição do problema nortear de seus projetos, a revisão de literatura sobre o desenvolvimento humano e suas problemáticas. Cabe destacar que essa revisão de literatura possibilita a dedução de características e necessidades especiais de certos grupos e faixas etárias apenas em caráter genérico e em tese, não sendo necessariamente aplicáveis a grupos objetiva e concretamente considerados. Portanto, não basta a revisão de literatura para identificar situações-problema a serem abordadas em projetos, pois essa prática tem condições de apenas oferecer hipóteses ou pistas sobre problemáticas que precisam ser corroboradas, especificadas, em relação aos grupos com os quais se pretende trabalhar.

O problema constitui-se no eixo condutor de todo o trabalho de pesquisa-ação e que estabelece a sua unidade de ação-investigação. Ele é definido de forma resumida por uma afirmação ou por uma questão. Uma vez definida a área de atuação, levanta-se uma questão, que pode ser apresentada como afirmação, para ser respondida através de uma hipótese, que será confirmada ou negada a partir do trabalho realizado. O problema é enunciado mediante um questionamento para definir a abrangência e a profundidade de sua intervenção e pesquisa. O problema é definido, em geral, após a descrição da situação-problema, que apresenta o seu contexto, em seus detalhes e desdobramentos. Como exemplo dessa formulação-síntese, para nortear o trabalho:

• Como as sessões coletivas de Orientação Educacional realizadas com turmas regulares de alunos contribuem para que os alunos se sintam seguros em definir o curso superior para continuar os seus estudos?

• As estratégias de escolhas simuladas oferecem condições efetivas para a realização de escolhas de curso pelos alunos, com segurança?

Em vez de formulação de questões, pode-se apresentar afirmações, como por exemplo:

• As sessões coletivas de Orientação Educacional realizadas com turmas regulares de alunos contribuem para que os alunos se sintam seguros em definir o curso superior para continuar os seus estudos.

• As estratégias de escolhas simuladas oferecem condições efetivas para a realização de escolhas de curso pelos alunos, com segurança.

Destaca-se que o problema quando descrito objetivamente torna conhecidos todos os desdobramentos e as variáveis que compõem e representam a questão sobre a qual se propõe atuar de modo que seja possível perceber amplamente suas características, dinâmica e inter-relações. Em vista disso, não basta o enunciado sintético do problema, é necessária a descrição dos aspectos, características e condições que levam à sua formulação.

A análise do problema é um passo que promove melhor entendimento, clarificação e explicitação da área sobre a qual se quer trabalhar. Por essa análise identifica todas as possíveis formas de relação entre as variáveis do problema e aspectos a ela relacionados. Uma prática comumente observada é o registro de prováveis "causas" e "consequências", muito embora seja extremamente difícil, em muitos casos, estabelecer tal tipo de relacionamento entre variáveis. O que se pode verificar é a associação entre variáveis e como determinadas condições contribuem para outras, porém não a relação de causa, que exige um controle rigoroso de variáveis, o que não se pode praticar inteiramente nos processos educacionais, por demais complexos.

Hipóteses

Um projeto de pesquisa-ação envolve, por princípio, a verificação da atuação dos componentes de hipóteses, uma vez que esse projeto envolve sempre uma intervenção para promover determinado resultado, associado aos cuidados de construção de conhecimento sobre a questão da intervenção. Cabe alertar, no entanto, que não se trata de pura e simples testagem rigorosa de hipóteses a serem corroboradas ou não, mas sim de uma verificação de desempenho das hipóteses formuladas, que podem receber alterações e agregações no curso do desenvolvimento do projeto, de modo que este possa contribuir tanto para a maior efetividade das ações como para a consolidação de melhores fundamentos teórico-metodológicos. Aquela testagem rigorosa ocorre nos projetos de experimentação que têm por objetivo exclusivo a construção do conhecimento, a partir de condições artificiais criadas em laboratório, e não a intervenção em condições normais do fazer humano em seu cotidiano.

Uma hipótese é um enunciado formal das relações esperadas entre pelo menos uma variável independente (condição que promove um resultado ou efeito em outra) e uma variável dependente (condição que é alterada em decorrência de outra). Nas pesquisas exploratórias, tal como é o caso da pesquisa-ação, a hipótese pode ser formulada como uma questão. Mediante essa questão é possível enunciar um testemunho do trabalho conceitual efetuado pelo orientador educacional-pesquisador e, pela sua clareza, permitir a interpretação de uma resposta reveladora de um novo conhecimento.

O enunciado de uma hipótese, num projeto de pesquisa em ação, é considerado como correspondendo a uma generalização explicativa de fatos, circunstâncias e processos que provocam modificação em uma condição que se pretende alterar. É ainda considerada como uma conjetura a respeito de possível solução para dado problema ou, na mesma linha de pensamento, uma tentativa de explicar como um problema, ou situação, seria afetado. Nesse sentido, "as sugestões formuladas nas hipóteses podem ser soluções para os problemas " (SELLTIZ et al., 1987, p. 35). Esta última maneira de considerar uma hipótese é a mais viável para o projeto de pesquisa em ação, pois este, antes de estabelecer a relação entre dois fatos, aspectos ou variáveis, busca promover a solução prática de um problema.

Ressalta-se que é importante procurar estabelecer o maior número possível de hipóteses sobre cada problema, de modo a orientar a exploração de diferentes perspectivas de solução. A função delas será sugerir soluções diversas para a dificuldade em questão. No entanto, nem todas se transformarão em objetivos, uma vez que algumas poderão até ser incompatíveis entre si, outras impraticáveis no contexto de recursos apresentados e outras, ainda, dizer respeito a alternativas fora do escopo de atuação da Orientação Educacional.

Logo, deve-se realizar, após o levantamento de hipóteses, a avaliação das mesmas, com vistas à seleção das mais adequadas para o âmbito de ação proposto. Como exemplo do enunciado de hipóteses pode-se considerar, em relação ao problema anteriormente proposto:

• As sessões coletivas de Orientação Educacional realizadas com turmas regulares de alunos contribuem para que os alunos se sintam seguros em definir o curso superior para continuar os seus estudos.

H1 – As sessões coletivas contribuem para que os alunos explorem diferentes interpretações sobre os diferentes cursos e suas possibilidades profissionais.

H2 – As sessões coletivas com turmas regulares oferecem aos alunos a oportunidade de se conhecerem melhor e formarem grupos de interesses de mútuo apoio em suas escolhas.

H3 – As sessões coletivas, pelo número maior de alunos, oferecem a possibilidade de maior variedade de interesses entre os alunos e, por isso, também de explorar com maior motivação maior número de cursos a partir desses interesses.

Objetivos

Como já indicado anteriormente, nenhuma ação educacional, por melhor que seja, tem valor em si mesma. Seu valor e significado estão diretamente ligados à sua orientação para promover mudanças intencionais previamente determinadas, que são definidas por objetivos. Portanto, a descrição clara, objetiva e específica dos objetivos, no processo de pesquisa-ação, é fundamental para a validade e eficácia do projeto. É importante destacar que esses objetivos, no projeto de pesquisa-ação, dizem respeito a mudanças pretendidas das mais diversas ordens, porém todas voltadas para a formação e aprendizagem dos alunos.

Tendo em vista a relevância dos objetivos no planejamento, a questão será detalhada na unidade seguinte deste trabalho, que é dedicada inteiramente ao tema de elaboração de objetivos.

Estratégias e atividades

Uma estratégia corresponde ao conjunto de procedimentos e técnicas disponíveis e utilizados sistematicamente com o fim de realizar algum objetivo, de modo a constituir um padrão de atos que serve para atingir certos resultados e evitar outros.

A diferença entre estratégia e atividades reside na sua amplitude e abrangência. Enquanto a estratégia estabelece a estrutura que dá unidade e entrelaça atividades e operações, estas definem o passo a passo daquelas. Dito de outra forma, a estratégia diz respeito ao como fazer, e a atividade a o que fazer.

Um exemplo dessa diferença pode ser percebido no planejamento de sessão coletiva de Orientação Educacional para a qual se escolhe como estratégia o GVGO (Grupo de Verbaliza-

ção – Grupo de Observação)[8]. Essa estratégia pode ser implementada mediante os seguintes passos ou atividades:
- explicação da técnica aos participantes;
- apresentação do tema a ser discutido e de questões orientadoras da discussão;
- divisão da turma em dois grupos: GV e GO;
- discussão do tema pelo GV e observação das discussões pelo GO;
- *feedback* do grupo de observação;
- rodízio dos grupos para mudanças de papéis;
- retomada e discussão do tema proposto, levando em consideração as discussões anteriores;
- *feedback* do grupo de observação;
- reconstituição do grande grupo;
- síntese e conclusões da experiência, quanto ao conteúdo e aprendizagens de dinâmica de grupo.

Cronograma

O tempo é um bem extremamente precioso, sobretudo o tempo que se deve destinar à educação. No entanto, podemos identificar, facilmente, que se perde muito do tempo no trabalho educacional, sendo possível identificar o tempo desperdiçado, gasto sem benefício educacional significativo, e o tempo

---

[8]. Esta estratégia consiste em dividir um grupo grande em dois (GV e GO), de modo que todos os seus participantes tenham a oportunidade de verbalizar suas ideias e percepções (em grupos grandes esse objetivo é limitado). O tempo disponível para a sessão coletiva fica dividido em dois, de modo que num primeiro momento haja a discussão de um tema por um dos subgrupos, enquanto o outro observa, fazendo anotações tanto sobre a evolução e desdobramento do conteúdo em discussão quanto sobre o processo de grupo. Terminado esse momento, ocorre o *feedback* pelos participantes do GO. Em seguida há a troca de papéis e realiza-se nova rodada de discussões, seguida de *feedback*. Desse modo a estratégia serve a dois objetivos: o de possibilitar a mais pessoas a oportunidade de participação e o de promover a capacitação de seus participantes em habilidades de atuação em grupo, orientada pelo *feedback* oferecido.

útil, proveitoso, do qual resultam ganhos na formação e aprendizagem dos alunos.

Costumamos marcar o tempo por segundos, minutos, horas, dias, anos e assim por diante. O relógio e o calendário nos apresentam os indicadores dessa passagem. Para Einstein, o tempo é marcado por uma sucessão de eventos e, segundo essa percepção, temos a sensação da passagem do tempo em decorrência do que acontece. Por isso, quando nos envolvemos numa lógica de trabalho ao estilo "faz tudo", sem unidade e direção, temos muito o que fazer e o tempo parece escoar-se em nossas mãos, sem que tenhamos condições de controlá-lo. A gestão do tempo torna-se, portanto, uma necessidade fundamental.

A gestão do tempo constitui o esforço de organizar o que fazemos no tempo disponível e que determina o sucesso que temos em nossa atuação, as realizações promovidas e seus resultados.

Uma estratégia de realizar a gestão do tempo é a da definição de *cronograma de ação* que se constitui num "instrumento de planejamento e controle semelhante a um diagrama, em que são definidas e detalhadas minuciosamente as atividades a serem executadas durante um período estimado" (WIKIPEDIA, 2009). Exemplo desse cronograma é especificado na Figura 11, a seguir, em que é definida a sequência e a localização no tempo das ações propostas para um projeto.

É importante destacar que o cronograma define a sequência do tempo, medida em anos, meses, dias e horas em um dia, conforme conveniente. No entanto, não basta o cronograma para a gestão do tempo em relação a determinada atividade. É fundamental que se defina, além de sua localização em um calendário, quanto tempo se prevê para gastar em cada atividade.

Portanto, assim como no planejamento são especificadas todas as atividades possíveis, assim também é especificada a distribuição do tempo a ser empregado no projeto, tanto quanto forem detalhadas as atividades. Por exemplo, com relação à listagem de atividades propostas para a estratégia de GVGO, anteriormente indicada, que poderiam ser desenvolvidas em uma sessão de orientação, deve-se marcar em um diagrama de tempo (horas e minutos) a sua realização, indicando-se também a previsão de tempo, em minutos, para cada uma das atividades.

Figura 11
Cronograma de execução de um projeto

Dia / Etapa	11/03	18/03	01/04	08/04	15/04	22/04	29/04	06/05	13/05
1ª etapa									
2ª etapa									
3ª etapa									
4ª etapa									
5ª etapa									
6ª etapa									
7ª etapa									

Avaliação

Como o projeto de pesquisa-ação associa a busca de conhecimentos ao desempenho direto na modificação de situações, apresenta, em decorrência, dois objetivos associados diretamente a cada um desses aspectos, conforme explicado anteriormente: i) promover, de forma objetiva, refletida e acurada, a resolução de um problema; ii) construir conhecimentos teórico-metodológicos, pelo estabelecimento da qualidade e da eficácia dos procedimentos, métodos e técnicas utilizadas.

Portanto, a proposição de avaliação de um projeto de pesquisa-ação define o acompanhamento e julgamento de resultados, ao longo de sua implementação, para esses dois objetivos. Prevê-se, para tanto, instrumentos de registros de dados referentes a cada uma dessas duas dimensões do projeto, alertando-se para o fato de que, quando os objetivos e atividades são propostos de maneira mais geral, como por exemplo: "a avaliação será cumulativa e realizada durante todo o projeto" ou "a avaliação será feita mediante observações da participação dos alunos", a coleta de informações torna-se vaga e insuficiente para emitir qualquer julgamento confiável e consistente.

Assim como os objetivos e atividades devem ser especificados e operacionalizados em seus detalhes, na fase do planejamento do projeto, também os procedimentos de avaliação o serão, envolvendo o estabelecimento de critérios ou indicadores de realização dos objetivos, bem como a seleção ou elaboração (este é o caso mais frequente) de instrumentos necessários para identificá-los, medi-los e descrevê-los.

Avaliação da qualidade de projetos
A avaliação de um projeto de pesquisa-ação é realizada antes de sua implementação, durante e depois, tal como identificado em relação ao plano anual de ação, de modo a garantir que essa proposta seja ajustada e adequada às necessidades da população a que se destina e possa contribuir, de modo o mais efetivo possível, para o seu atendimento. Tratamos aqui da avaliação do projeto em si, e não de sua implementação.

A qualidade dos projetos de pesquisa-ação, antes de dar início à sua implementação, é avaliada mediante a verificação de todos os aspectos envolvidos no mesmo, tais como:

• O elaborador do projeto demonstra conhecimento adequado e objetivo da área sobre a qual pretende atuar?

• O projeto identifica uma problemática importante que justifique o investimento de tempo, energia e recursos previstos?

• O problema a que o projeto se refere é descrito de maneira clara e objetiva?

• A descrição e a análise do problema apresentam informações suficientes para que se possa implementá-lo adequadamente?

• As hipóteses propostas são coerentes com o contexto e problema descritos e adequadas a eles?

• Os objetivos apresentados são claros, coerentes com as hipóteses e a descrição do problema e com os princípios da Orientação Educacional?

• As ações propostas estão entrosadas com o processo global de educação?

- A proposta de ação é especificada em passos devidamente articulados entre si e com as estratégias de ação?
- As ações propostas demonstram ser práticas e ter condição de eficiência na solução do problema proposto?
- O projeto evidencia que da sua realização resultará um impacto significativo na população sobre a qual vai atuar?
- A população atingida pela ação proposta não o seria mais eficiente por outras ações?
- O projeto explora e aproveita modalidades operacionais e de comunicação que tenham potencial para transferência a outros ambientes e circunstâncias que não apenas os propostos?
- O projeto prevê tempo adequado e suficiente para a realização dos objetivos propostos? A definição desse tempo está clara e compromissada?
- Os procedimentos e recursos de avaliação propostos são adequados, suficientes e específicos?

Pesquisa e ações cooperativas

Tendo em vista que as intervenções propostas pela Orientação Educacional como contribuição para o desenvolvimento global do aluno, dada sua natureza, são sempre ações de caráter participativo, a construção de conhecimento decorrente desse trabalho também será colaborativa. Assim, gestores, professores, colaboradores, pais de alunos, alunos, são envolvidos, tanto na implementação das ações, como na respectiva construção de conhecimentos.

Essa prática de envolvimento dos participantes do processo de intervenção, na construção de conhecimento exige a desmistificação da investigação como processo especializado, e o reconhecimento de que a ação é processo do qual emergem conceitos, ideias e explicações que são passíveis de compreensão plena apenas por aqueles que nela estão envolvidos. Porém, para que essa condição seja devidamente explorada, é necessário que algumas condições sejam garantidas: i) promover o refinamento do olhar dos participantes, para que se tornem bons observadores; adotar instrumentos de registro dos fatos observados; adotar a prática do registro de todos os aspectos observados, livres de julgamento prévio; sistematizar registros; comparar registros de diferentes atores e observadores, de modo a construir o conhecimento de forma participativa.

De modo, porém, que esse processo seja efetivo, é importante, como pré-requisito, que sejam envolvidos em seu planejamento, em todos os seus estágios e momentos, aqueles que hão de participar, de alguma forma, na ação, a fim de que de fato ocorra a integração da pesquisa à ação (SELLTIZ et al., 1987).

6
Proposição de objetivos educacionais

Toda a ação profissional é intencional, isto é, propõe-se a promover determinados efeitos ou resultados. Na área da educação, os resultados finais pretendidos são sempre referentes à formação dos alunos nas dimensões cognitiva, afetiva e psicomotora, envolvendo as diferentes áreas de seu desenvolvimento. O processo de aprendizagem, portanto, está a serviço dessa formação e deve contribuir para ela.

É importante reconhecer que, apenas apresentar esses propósitos da educação, desse modo geral, pode vir a constituir-se em um jargão vazio de significado, caso o mesmo não seja desdobrado e especificado em descrições que ajudem a focalizar os diferentes aspectos do desenvolvimento que devem ser orientados e facilitados. Essas descrições são os objetivos. Portanto, um objetivo educacional corresponde à descrição de resultados relacionados à formação e aprendizagem dos alunos, que são utilizados para orientar as ações pedagógicas realizadas. Esse resultado implica numa mudança de desempenho, de atuação, de situação de caráter comportamental, provocados por uma ação pedagógica.

A descrição dos resultados pretendidos pelas ações pedagógicas é, pois, apresentada sob a forma de objetivos, que explicitam, ao mesmo tempo, a direção a seguir, assim como o que é valorizado e reconhecido como importante no processo educacional e formativo.

Em educação, não se age por agir, não se faz algo por fazer. Toda ação educativa é intencional e busca alcançar determinados resultados referentes à formação e aprendizagem dos alunos.

Na medida em que, ao se desenvolver uma ação, se tenha uma compreensão clara e precisa dos objetivos a serem obtidos por meio dela, realiza-se uma ação mais eficaz, mediante o emprego racional do tempo, energia e recursos concentrados nesse resultado. Definir claramente os objetivos da Orientação Educacional inserida no projeto pedagógico da escola e nas ações específicas dessa área constitui-se em cuidado intransferível do orientador educacional. Cabe a ele a liderança, no contexto da escola, da inserção de objetivos de formação humana e pessoal nas aulas das diferentes disciplinas; ele precisa também desenvolver competências lógicas para esse desempenho.

> Para quem não tem ideia do que pretende alcançar com suas ações, qualquer resultado é satisfatório.

Significado de objetivo educacional

Objetivo é a descrição clara e precisa do que se pretende alcançar ao final de uma determinada ação. O objetivo representa uma intenção e uma previsão, em termos de resultados, pois, ao mesmo tempo que determina uma direção de ação, isto é, o que se deseja promover em determinado período de tempo, propõe o que se pode promover nesse tempo. Esse significado é mapeado na Figura 12 a seguir.

Figura 12
Significado dos objetivos

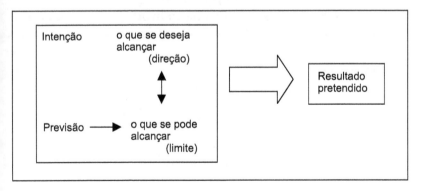

Os aspectos de intenção e previsão são intimamente interligados, uma vez que a direção e o limite se combinam, resultando desse processo uma descrição única, em que esses dois elementos não são separáveis e estabelecem a dimensão e a potência do resultado pretendido. Como ação educacional esse resultado sempre preverá uma mudança e terá a intenção de promover uma mudança de comportamento dos alunos, de modo que se torne melhor, mais capaz e mais feliz, como pessoa e como cidadão. Portanto, o sujeito do objetivo será sempre o aluno, quando este for diretamente envolvido, ou terá o aluno como beneficiário indireto, ou, quando a ação for dirigida a professores ou pais, serão eles os sujeitos da mudança que pode implicar em mudança de seus comportamentos, para melhor atenderem às necessidades dos alunos.

Exemplos de objetivos
No contexto de um programa de informação profissional em que se pretende que o aluno seja capaz de escolher um curso adequado para a continuidade de seus estudos, espera-se que, ao final do programa, ele seja capaz de:
• Reconhecer pelo menos cinco profissões ou ocupações relacionadas a cada uma das três áreas econômicas.
• Conhecer as oportunidades de trabalho, em sua comunidade, relativas às cinco profissões ou ocupações selecionadas de cada uma das três áreas econômicas.
• Reconhecer suas habilidades e atitudes em confronto com as demandadas por essas profissões e ocupações.
• Conhecer os cursos de formação profissional associados a essas profissões e as exigências para ingresso nos mesmos.
• Decidir sobre a continuidade de seus estudos em uma área profissional.
• Estabelecer um plano de orientação para os próximos dois anos, que incorpore medidas de preparação para a capacitação de habilidades de trabalho.
• Reconhecer a importância de participar de grupos de estudo sobre o desenvolvimento profissional desde a escola.

- Desenvolver habilidades de relacionamento pessoal e de tomada de decisão em grupo como parte do processo de desenvolvimento profissional.
- Assumir hábitos de estudo, observação e discussão sobre oportunidades educacionais e de trabalho, como condição de alargamento de horizontes pessoais e profissionais futuros.

Pode-se observar nesses exemplos que, além de refletirem uma intenção e uma previsão de resultados, referem-se a aspectos variados da problemática do desenvolvimento, expressam níveis variados de extensão e complexidade e exigem tempo diferente para sua realização.

Equívocos de entendimento

A partir da análise de planos e projetos de Orientação Educacional, observa-se comumente que se entende por objetivo a descrição de funções ou ações que se pretende realizar. Por exemplo:
- Informar os alunos da importância do trabalho para o indivíduo e para a sociedade.
- Esclarecer os alunos sobre a relação entre trabalho e desenvolvimento pessoal e social.

Para analisar essas proposições pergunta-se: i) quem é o sujeito das operações de informar e esclarecer? – Essas operações implicam em mudança de comportamento dos alunos?

Como em qualquer área de educação toda ação deve pretender determinados resultados, pergunta-se: – O que pretende o orientador educacional, em termos de aprendizagem do aluno, com aquelas ações de informar e esclarecer?

Evidencia-se que o sujeito daquelas proposições é o orientador educacional. A partir daquelas proposições, as únicas perguntas possíveis para orientar uma avaliação seriam se o orientador:
- Informou os alunos da importância do trabalho para o indivíduo e para a sociedade?
- Esclareceu os alunos sobre a relação entre trabalho e desenvolvimento pessoal e social?

Essas perguntas dizem respeito ao que o orientador educacional fez, isto é, possibilitam verificar apenas sua eficiência, e esta, por si, não justifica o trabalho do profissional. Ser eficiente não tem valor educativo, se não corresponder à promoção de resultados – a ação se justifica pelos resultados promovidos e estes precisam ser explicitados.

As descrições apresentadas enunciam funções ou ações, isto é, o que o orientador educacional irá fazer e não dão sentido e direcionamento finalístico à atividade nem possibilitam a avaliação de sua eficácia, isto é, a verificação de resultados. Portanto, trata-se de enunciados relacionados a estratégias e atividades e não a objetivos.

Ao invés dessa formulação, dever-se-ia ter uma descrição orientadora da ação que permitisse averiguar a eficácia do processo, perguntando-se:
- Os alunos reconhecem a importância do trabalho para o indivíduo e para a sociedade?
- Eles compreendem a relação entre trabalho e desenvolvimento pessoal?

Níveis de objetivos

Os objetivos, segundo sua extensão, apresentam complexidade variada e exigem tempo de efetivação diverso, o que vem a corresponder a diferentes níveis de objetivos, a saber:
- *Objetivos de amplo alcance* – seu conteúdo é complexo, em vista disso sua efetivação ocorre em longo prazo;
- *Objetivos de médio alcance* – a complexidade desse objetivo é relativa, situando-se entre os de complexidade maior e menor, por isso sua efetivação ocorre em médio prazo;
- *Objetivos de curto alcance* – seu conteúdo tem significado simples, compondo resultados mais amplos, de modo que sua efetivação ocorre em curto prazo, no contexto de um projeto.

Esses objetivos são denominados, respectivamente, de:
- *gerais*,
- *específicos*,
- *operacionais*.

A Figura 13, a seguir, explicita a classificação desses níveis de objetivos e os exemplifica.

Figura 13
Classificação de objetivos segundo níveis e aspectos

Aspectos / Níveis	Amplitude	Complexidade	Tempo de efetivação	Exemplo
Geral	Grande	Grande Múltipla	Longo	Demonstrar comportamentos efetivos de relacionamento interpessoal
Específico	Relativa	Relativa	Médio	Reconhecer o direito dos colegas de emitir e manter opiniões divergentes às de outras pessoas.
Operacional	Limitada	Simples Singular	Curto	Ouvir exposição de opiniões dos colegas, sem interrompê-los.

Função dos níveis de objetivos

Cada objetivo de nível menor constitui-se na particularização e detalhamento do objetivo de nível mais amplo, de maneira a tornar mais explícitos e individualizados os resultados desejados, pela particularização e singularização. Os objetivos de nível menor representam o detalhamento dos objetivos de nível maior. Por outro lado, cada objetivo de nível maior estabelece a unidade, a integração e o encadeamento dos objetivos de nível menor, necessárias a fim de que as ações orientadas pelos mesmos não sejam descontextualizadas, isoladas e desconexas.

Observe-se que os objetivos específicos, abaixo relacionados, podem apresentar um caráter independente, quando analisados isoladamente e que, no entanto, sua interpretação recebe outro sentido, em relação a um objetivo geral apresentado para uni-los e integrá-los.

Objetivos específicos
- Compreender a importância do comportamento pessoal na qualidade do relacionamento interpessoal.
- Demonstrar interesse por participar de atividades de grupo.
- Reconhecer o direito dos colegas de emitir opiniões, ouvindo-os com atenção.

Objetivo geral
- Demonstrar comportamentos efetivos de relacionamento interpessoal.

Observação
A identificação do nível de um objetivo é relativa, isto é, um objetivo tido como específico em determinado programa pode ser geral em outro, ou vice-versa, dependendo dos critérios adotados para estabelecer-se sua extensão e complexidade e também do tempo que se tenha disponível para sua realização.

Nesse sentido, o objetivo:
- "Reconhecer seus valores pessoais e o efeito dos mesmos sobre seu comportamento e suas decisões" pode ser tido como geral em relação a um projeto bimensal, enquanto que num plano anual será específico, tendo em vista que, na primeira situação, a busca de sua realização há de preencher todo ou quase todo o tempo disponível para sua efetivação e na segunda, em decorrência do tempo maior, será necessariamente um dentre vários outros objetivos.

Significado do objetivo segundo seu contexto

O objetivo geral tem função diferente, segundo o contexto em que está inserido e ajusta-se ao sentido desse contexto, de maneira a traduzir adequadamente a extensão, complexidade e tempo de realização possíveis. São apresentados a seguir exemplos do ajustamento de objetivos gerais a diferentes contextos.

No contexto do plano anual
Em relação a um plano anual de ação, cujo sentido é o de apresentar a posição abrangente e global do programa de Ori-

entação Educacional, os objetivos gerais descrevem as intenções globais da ação planejada. Eles correspondem, geralmente, a resultados esperados quanto ao desenvolvimento, cuja busca é incessante e interminável, mas que podem ter seu âmbito delimitado por objetivos específicos, de acordo com os níveis de desenvolvimento possíveis de se alcançar em diferentes etapas e com diferentes grupos de alunos. Assim é que o objetivo geral expresso como:

- "Demonstrar autonomia na resolução de problemas pessoais" poderia estar presente nos programas de Orientação Educacional relativos a todas as séries escolares, abrangendo desde a educação infantil até os cursos de pós-graduação, caso existisse ação sistemática de Orientação Educacional nesses níveis de ensino. Isto porque refere-se a um aspecto que nunca pode ser considerado como totalmente atingido. Por tratar-se de resultado de desenvolvimento e não de domínio ou mestria, esperam-se graus variados de progresso enquanto se atinge os mesmos, ao longo de um contínuo desenvolvimento e escolaridade, que só pode ser considerado pleno relativamente ao estágio em que se encontra o educando. A sua especificação, em cada etapa de escolaridade, é que estabelece os limites desejáveis e possíveis, particulares a cada um deles.

Dessa maneira, o objetivo geral, proposto acima, pode ser especificado de maneira variada em diferentes etapas de escolaridade, como por exemplo:

Do 1º ao 5º ano
- Realizar tarefas escolares, sem o auxílio dos pais o preceptores.
- Iniciar a realização de tarefas escolares, sem a insistência dos pais.

Do 5º ao 9º ano
- Assumir responsabilidade por suas ações na escola.
- Escolher, por iniciativa própria, uma área de interesse para aprofundamento de conhecimentos.

No contexto do projeto

Em relação a projetos, cujo sentido é o de detalhar, especificar, pormenorizar aspectos globais propostos no plano anual, o objetivo geral descreve comportamentos esperados ao final de sua execução, em relação à população específica à qual se destina. Sua amplitude e profundidade são delimitados segundo o tempo que o projeto abrangerá, assim como as necessidades e o nível de desenvolvimento daquela população.

Desse modo, enquanto no plano anual, pode-se estabelecer como objetivo geral em relação ao aluno:

- Assumir a escolaridade como fator de desenvolvimento pessoal, num projeto – o objetivo geral da mesma área poderia ser:

- Adquirir hábitos de estudo que favoreçam a aprendizagem e progresso escolar.

Aspectos básicos dos objetivos

A fim de que tenham condições de ser um guia prático para a ação, os objetivos são elaborados tendo-se em vista três aspectos básicos:

- forma,
- conteúdo,
- significado.

Estes aspectos estão intimamente ligados e interdependentes, de maneira que, quando se aprimora a qualidade em relação a um, alcança-se, indiretamente, a melhoria em outro. E ainda, quando é feita a análise de um deles, toca-se tangencialmente em outro.

Apesar da dificuldade às vezes encontrada para se isolar esses aspectos, uma vez que cada um está intimamente relacionado ao outro e dele depende, será feita uma análise particular de cada um deles, com vistas a identificar critérios necessários para que se estabeleça a qualidade dos objetivos.

Forma

Os critérios referentes à forma dizem respeito à linguagem com a qual o objetivo é apresentado e ao uso de termos adotados para sua descrição. Os critérios para avaliação dos objetivos, quanto à forma, relacionam-se com a *concisão, clareza* e *objetividade*.

i) Concisão
Quando redigido concisamente, o objetivo deixa de apresentar palavras desnecessárias, que nenhum ou quase nenhum significado acrescentam, como é o caso muito comum de locuções verbais. O oposto desta qualidade é a prolixidade.
Exemplo de forma prolixa:
• Procurar saber e compreender o papel social que exerce na escola e na família.

Forma mais concisa:
• Compreender o papel social que exerce na escola e na família.

ii) Clareza
Deve-se cuidar, na redação de objetivos, para usar palavras e expressões de sentido claro e facilmente compreensível. O oposto dessa qualidade é a ambiguidade.
Exemplo de forma ambígua:
• Sentir vontade de crescer em si mesmo.
Forma mais clara:
• Interessar-se por desenvolver suas qualidades pessoais.

iii) Objetividade
A objetividade diz respeito à descrição do objetivo sob a forma de comportamento observável, a fim de que se possa obter maior consenso na interpretação entre os envolvidos na prática, quanto ao resultado pretendido. O foco em comportamentos observáveis diminui o âmbito das inferências, muito sujeitas a interpretações diversas e subjetivas. O oposto dessa qualidade é subjetividade.
Exemplo de forma subjetiva:
• Ser autêntico.
Forma mais objetiva:
• Agir coerentemente com seus princípios e valores pessoais.

Observação: para garantir a objetividade na descrição do objetivo acima é necessário que se garanta o conhecimento dos princípios e valores pessoais do aluno a quem o objetivo se refere.

Conteúdo

O conteúdo de um objetivo representa o que queremos que o aluno saiba, perceba, observe, resolva, sinta, vivencie avalie, faça, etc. Selecionar e delimitar um conteúdo envolve a tomada de decisão a respeito do que é importante para o aluno: Essa delimitação representa a especificação da sua abrangência e profundidade, de acordo com o nível de desenvolvimento dos alunos e sua utilidade e relevância para esse desenvolvimento, de acordo com as suas necessidades (significação psicológica), a complexidade do conteúdo (significação lógica), a sua atualidade (significação cronológica), dentre outros aspectos.

A delimitação do conteúdo envolve, pois, um mapeamento da abrangência e especificidades de conhecimentos e informações em determinada área, de modo que possa contribuir para o desenvolvimento do aluno. Os critérios relativos à delimitação do conteúdo de um objetivo correspondem à delimitação da ideia contida no objetivo. Além da significação indicada, cabe redigir os objetivos de maneira que atendam aos critérios de *precisão* e *evidência*.

i) Precisão

O critério de precisão diz respeito à adequada delimitação do comportamento a ser obtido e descrito no objetivo.

Observa-se que nos exemplos das formas ambígua e subjetiva apresentados anteriormente, como consequência do uso de expressões de sentido vago como "sentir vontade" e "ser autêntico", os objetivos tornam-se também imprecisos, uma vez que seu conteúdo é vago e impreciso, sendo, portanto, de difícil observação.

ii) Evidência

Segundo o critério da evidência, determina-se, tão clara e precisamente quanto possível, o conteúdo do objetivo, isto é, o

resultado que se espera obter. O oposto da evidência é a indeterminação.
Exemplo de forma indeterminada:
- Empregar convenientemente as horas de lazer.
- Controlar as reações pessoais diante de situações difíceis.

Nesses objetivos os termos "convenientemente" e "difíceis" e a expressão "reações pessoais" não permitem evidenciar nem determinam claramente que tipo de comportamento é esperado. Um meio para se especificar os comportamentos esperados de modo que sejam observáveis – condição da evidência – pode ser a descrição de objetivos de nível mais simples, que corrigiriam a indeterminação.

Exemplo de forma mais especificada:
- Ler livros indicados pelo professor de Comunicação e Expressão, nas horas de lazer.
- Participar, semanalmente, das atividades do clube de atividades extraclasse da escola.

Significado

O significado do objetivo não se refere a seu sentido semântico, mas sim a seu valor ou relevância em relação ao sujeito para o qual se volta e ao contexto das mudanças de comportamento pretendidas no conjunto do processo educativo.

A fim de que sejam relevantes, para os alunos-sujeitos da ação pedagógica, professores ou pais, os objetivos são propostos levando em consideração sua experiência pessoal, suas expectativas, seu nível de desenvolvimento, suas condições de vida, etc. É importante também levar em consideração a variação desse conjunto de informações, de modo a identificar quais as que se referem a condições de desenvolvimento e quais aquelas que demandam ações preventivas e remediais.

As implicações da abrangência do conteúdo quanto ao nível dos objetivos

A determinação do nível de um objetivo depende, como já foi dito, do contexto em que o mesmo está inserido (um objetivo pode ser específico no plano anual e ser geral num projeto). Ainda, é o sentido integral da descrição completa que estabelece o nível do objetivo. Nesse conjunto dois componentes se expressam: uma operação mental, traduzida por um verbo, e o conteúdo, traduzido pelo seu objeto. Com relação aos verbos a serem utilizados na descrição de objetivos, pode-se, no entanto, verificar que muitos têm sentido amplo, não sendo adequados para a descrição de objetivos operacionais e outros têm sentido específico, não se ajustando à descrição de objetivos de sentido amplo.

Por exemplo, o objetivo:

- "Apontar a importância da suas emoções na tomada de decisão" apresenta, em um projeto de Orientação Educacional uma limitação, dado que o processo mental de apontar tem sentido restrito e reduz a caráter meramente informativo um conteúdo que demanda operações mentais mais complexas, como por exemplo a avaliação, o reconhecimento, a apreciação. O Quadro 3, a seguir apresentado, organiza verbos de sentido amplo e restrito, a serem considerados pela abrangência de processos mentais que expressam, em relação à complexidade dos conteúdos selecionados para compor o objetivo.

Quadro 3
Processos mentais expressos em verbos

Processos mentais de sentido amplo	
Aceitar	Manifestar
Assumir	Perseverar
Avaliar	Prever
Apreciar	Reconhecer
Cooperar	Reforçar
Compreender	Respeitar
Conhecer	Revigorar
Entender	Saber
Interessar-se por	Valorizar
Gostar	
Julgar	

Processos mentais de sentido restrito	
Analisar	Explicar
Apontar	Formular
Aplicar	Identificar
Assinalar	Interpretar
Classificar	Listar
Constatar	Localizar
Descrever	Ordenar
Definir	Responder
Diferenciar	Resolver
Enunciar	Selecionar
Escolher	Sintetizar
Exemplificar	

Orientamos o leitor a conhecer o trabalho sempre atual da *Taxionomia dos objetivos educacionais* de Benjamin Bloom, que especifica em ordem de complexidade os processos mentais trabalhados na educação (BLOOM, 1981)

Integração dos objetivos ao contexto educacional

Os objetivos de um plano de ação em Orientação Educacional serão adequados na medida em que seu conteúdo levar em consideração e se relaciona a:
- finalidades e objetivos da Educação Nacional;
- objetivos educacionais da escola em que o processo de Orientação Educacional está inserido;
- princípios da Orientação Educacional;
- necessidades e nível de desenvolvimento dos educandos a quem se referem;
- condições existentes na escola para efetivá-los.

Portanto, pode-se concluir que qualquer lista de objetivos de Orientação Educacional, desvinculada de uma situação real, ou organizada de forma aleatória em relação a uma situação determinada e específica, constitui-se apenas em um rol de possíveis objetivos. Antes de se adotar qualquer objetivo, analisa-se sua propriedade e adequação em relação às características e necessidades da população à qual se pretende aplicá-los, buscando-se, ainda, ajustá-lo e harmonizá-lo à situação.

Observa-se também que os objetivos operacionais, tendo em vista descreverem mudanças comportamentais em suas condições mínimas e mais singulares possíveis, dizem respeito a situações particularíssimas, daí porque dificilmente podem ser, com vantagem, transpostos para outras situações.

Influência dos objetivos na ação pedagógica

A formulação adequada de objetivos, por si, não tem nenhuma utilidade prática. Os objetivos somente são úteis e válidos, na medida em que, durante a realização de uma determinada atividade, quem a executa, o faça com a atenção constantemente voltada para os mesmos.

Faz-se necessário que cada momento da ação seja considerado em função de todos os objetivos propostos – e não apenas dos operacionais, mas também dos específicos e dos gerais.

Observa-se, no entanto, que é comum no desenvolvimento de atividades educacionais uma preocupação muito grande com os objetivos operacionais, na busca de descrição de objetivos centrados em comportamentos observáveis, e o esquecimento dos de sentido mais amplo. Como os objetivos operacionais são apenas objetivos-meio e, muitas vezes, não traduzem adequadamente todo o sentido do objetivo específico, os mesmos não apresentam condições suficientes para se constituírem em orientadores únicos da ação. Por outro lado, muitas vezes, as ações são orientadas apenas pelos objetivos gerais e específicos, sem a especificação de comportamentos observáveis que permitiriam observar evidências de sua realização.

Tendo em vista essa possibilidade de enfocar uns objetivos, em detrimento de outros, destaca-se a importância de que sejam propostos e considerados em associação os objetivos dos três níveis: gerais, específicos e operacionais.

Para finalizar, destacamos que a descrição de um conjunto de objetivos, por mais adequado que seja, não resolve os desafios de o Orientador Educacional realizar um bom trabalho. É preciso pensar no conjunto das situações, desdobramentos e aspectos que o planejamento envolve e integrá-los. Para tanto, o orientador educacional desenvolve: visão de conjunto, perspectiva de futuro, compreensão da problemática humana e educacional dos alunos, conhecimentos dos desafios sociais e suas implicações para a formação dos alunos, raciocínio lógico para organizar todos esses aspectos e sensibilidade humana para agir com a atenção voltada para o desenvolvimento humano dos alunos.

Referências

ALVES, N. & GARCIA, R.L. (orgs.) (2004). **O fazer e o pensar dos supervisores e orientadores educacionais**. São Paulo: Loyola.

ARMANI, D. (2000).**Como elaborar projetos?**: Guia Prático para elaboração e gestão de projetos sociais. Porto Alegre: Tomo Editorial.

BAFFI, M.A.T. (2005). O planejamento em educação: revisando conceitos para mudar concepções práticas. **Pedagogia em Foco**. 28/03/05 [http://www.pedagogiaemfoco.pro.br/fundam02.htm – Acesso: 20/07/09].

BLOOM, B. (1981). **Taxionomia dos objetivos educacionais**. Porto Alegre: Globo.

BROMLEY, R. & BUSTELO, E.S. (1982). **Política x técnica no planejamento**. São Paulo: Brasiliense.

CARNEIRO, V.M.O. (2007). **Planejamento**: um vai e vem pedagógico [www.moc.org.br/artigos/23-05-2007 – Acesso: 19/07/09].

CHALMERS, D.J. (1996). **La mente consciente**: en busca de una teoría fundamental. Barcelona: Gedisa.

DALLARI, D.A. (1986). **O que é participação política**. São Paulo: Brasiliense.

FAZENDA, I.C.A. (1988). **Educação no Brasil dos anos 60**: o pacto do silêncio. 2. ed. São Paulo: Loyola.

FRANCO, M.A.S. (2005). Pedagogia da pesquisa-ação. In: **Educação e Pesquisa**, São Paulo, vol. 31, n. 3, p. 483-502, set./dez.

FUSARI, J.C. (1990). O planejamento do trabalho pedagógico: algumas indagações e tentativas de respostas. In: **Ideias**, n. 8, São Paulo, p. 44-53 [www.crmariocovas.sp.gov.br/pdf/ideias_08_p. 44-53 – Acesso: 21/07/09].

GANDIN, D. (2007). **Planejamento como prática educativa**. 16. ed. São Paulo: Loyola.

GIACAGLIA, L.R.A. & PENTEADO, W.M. (2006). **Orientação educacional na prática**. 5. ed. São Paulo: Thomson.

GRISPUN, M.P.S.Z. (org.). (2008). **A prática dos orientadores educacionais**. 6. ed. São Paulo: Cortez.

_____ (2006). **A Orientação Educacional**: conflito de paradigmas e alternativas para a escola. 3. ed. São Paulo: Cortez.

GRONLUND, N.E. & BROOKHART, S.M. (2008). **Gronlund's writing instructional objectives**. Nova Jersey: Prentice Hall.

HUERTAS, F. (1997). **Entrevista com Matus**: o método PES. São Paulo: Fundap.

JULIATTO, C.I. (1991). **Programa de aperfeiçoamento para dirigentes da PUC**. Curitiba: PUC [Palestra proferida em 08/10/91].

KOSIK, K. (1986). **Dialética do concreto**. 4. ed. Rio de Janeiro, Paz e Terra [7. ed., 2002].

LIBÂNIO, J.C. (2004). **Didática**. São Paulo: Cortez.

LÜCK, H. (2008). **Gestão educacional**: uma questão paradigmática. 3. ed. Petrópolis: Vozes.

_____ (1979a). **Diretrizes para o planejamento de planos anuais de ação da Orientação Educacional no ensino de primeiro grau**. Curitiba: SEED-PR.

_____ (1979b). **An investigation of the roles and functions of the school counselor in Curitiba, Brazil**. Nova York: Teachers College/Columbia University [Tese de doutorado].

LUCKESI, C.C. (1992). Planejamento e avaliação na escola: articulação e necessária determinação ideológica. In: **Ideias**, n. 15, São Paulo, p. 115-125 [www.crmariocovas.sp.gov.br/pdf/ideias_15_p115-125_c.pdf%20 – Acesso: 20/07/ 09].

MARTINS, F. & MARTINS, J.P. (1992). **Princípios e métodos de Orientação Educacional**. 2. ed. São Paulo: Atlas.

MARTINS, R. (2009). **Somos o resultado do que pensamos** [www.rh.com.br/Portal/Motivacao/Artigo/5745/ 09/02/2009 – Acesso: 23/09/09].

MORIN, E. (1985). **O problema epistemológico da complexidade**. Lisboa: Europa-América.

MURIBECA, M.L.M. (1999). **Orientação educacional**: a contextualização de um caminhar. João Pessoa: UFPB.

NERICI, I. (1992). **Introdução à Orientação Educacional**. São Paulo: Atlas.

PATTON, M.Q. (2008). **Utilization** – focused evaluation. 4. ed. Beverly Hills: Sage.

PRESSMAN, J.L. & WILDAVSKY, A. (1984). **Implementation**. 3. ed. Berkeley: University of California Press.

REGNER, A.C.K.P. (2002). Retórica e racionalidade científica: quando a história e filosofia da ciência se encontram. In: **Mesa redonda interdisciplinar**. Lisboa [www.triplov.com/mesa_redonda/anna_carolina/retorica.html – Acesso: 23/07/09].

RIOS, T.A. (1992). Significado e pressupostos do projeto pedagógico. In: **Ideias**, n. 15, São Paulo, p. 73-75 [www.crmariocovas.sp.gov.br/prp_a.php?t=007 – Acesso: 30/07/09].

SELLTIZ, C.; WRIGHTSMAN, L.S. & COOK, S. (1987). **Métodos de pesquisa nas relações sociais**. São Paulo: EPU.

SILVA, B. (1987). **Taylor e Fayol**. 5. ed. Rio de Janeiro: FGV.

THIOLLENT, M. (1997). **Pesquisa-ação nas organizações**. São Paulo: Atlas.

TRISTÃO, G. (1978). **Planejamento**: enfoque tridimensional. Rio de Janeiro: Livros Técnicos e Científicos.

VÁSQUEZ, A.S. (2007). **Filosofia da práxis**. São Paulo: Expressão Popular.

_____ (1997). **Filosofia da práxis**. Rio de Janeiro: Paz e Terra.

WIKIPEDIA (2009). **Cronograma**. http://pt.wikipedia.org/wiki/Cronograma. Acesso: 25/08/2009.

Anexos
Anexo 1
Quadro referencial de plano de ação

---

1. IDENTIFICAÇÃO

1.1 Nome da escola
1.2 Abrangência
1.3 Responsáveis

2. JUSTIFICATIVA (importância do plano)

3. FUNDAMENTAÇÃO TEÓRICA (linhas básicas de ação)

4. CARACTERIZAÇÃO DA REALIDADE

4.1. NECESSIDADES
4.2. RECURSOS HUMANOS
4.3. RECURSOS MATERIAIS

5. IDENTIFICAÇÃO DE PRIORIDADES

6. OBJETIVOS GERAIS

7. OBJETIVOS ESPECÍFICOS

8. ESTRATÉGIAS

9. ATIVIDADES

10. CRONOGRAMA

11. AVALIAÇÃO

Anexo 2
Esquema do plano anual

FOLHA DE ROSTO – IDENTIFICAÇÃO

PLANO ANUAL DE ORIENTAÇÃO EDUCACIONAL

_____
ANO

NOME DO ESTABELECIMENTO: _____

_____

ENDEREÇO: _____
            rua, número, bairro   fone

CIDADE: _____ REGIONAL: _____

ORIENTADOR EDUCACIONAL_____

_____
         Nome   Nº de registro no MEC

_____
_____

Horário de funcionamento da orientação educacional

TURNO	HORÁRIO	RESPONSÁVEL
MANHÃ		
TARDE		
NOITE		

_____
VISTO DA DIRETORIA

I. LEVANTAMENTO E DESCRIÇÃO DA REALIDADE
1. CARACTERIZAÇÃO GERAL DOS ALUNOS

Ano	Nº de turmas	A) Número de alunos			
		Manhã	Tarde	Noite	**Total**
		M/F	M/F	M/F	
1º					
2º					
3º					
4º					
5º					
6º					
7º					
8º					
9º					
Total					

Média etária dos alunos por série			
Ano	Manhã	Tarde	Noite
1º			
2º			
3º			
4º			
5º			
6º			
7º			
8º			
9º			

2. CARACTERIZAÇÃO SÓCIO-ECONÔMICO-CULTURAL DOS ALUNOS

OBS.: Os espaços para essas caracterizações variarão conforme as necessidades.

3. NECESSIDADES BÁSICAS DOS ALUNOS

Área educacional

Área social

Área vocacional

Área emocional

OBS.: Os espaços para essas caracterizações variarão conforme as necessidades.

4. CARACTERIZAÇÃO DE RECURSOS HUMANOS

A) Quadro demonstrativo

Área	Especificação da função	Responsável
Direção		
Secretaria		
Ensino		
Supervisão pedagógica		
Orientação educacional		
Biblioteca		
Outra		

B) Quadro descritivo

Expectativas, predisposição e disponibilidade dos recursos humanos com relação à Orientação Educacional

5. CARACTERIZAÇÃO DE RECURSOS FÍSICOS E MATERIAIS
Quadro demonstrativo e descritivo

6. CARACTERIZAÇÃO DO CLIMA EDUCACIONAL DA ESCOLA

II. ANÁLISE DE NECESSIDADES, ESTABELECIMENTO DE PRIORIDADES E ALTERNATIVAS DE AÇÃO

III. OBJETIVOS

1. Gerais

2. Específicos

do 1º ao 4º ano

Do 5º ao 9º ano

IV. PLANO DE AÇÃO

Objetivos	Estratégias	Atividades	Cronograma	Avaliação
(Descrição de resultados pretendidos em relação a grupos específicos)	(Como se vai agir)	(O que se vai fazer)	(Indicação das datas de início e término das ações, bem como do número de horas a ser utilizado em cada uma delas)	(Proposta de instrumentos e critérios de avaliação)

Anexo 3
Esquema de projeto de pesquisa em ação

1. IDENTIFICAÇÃO DO PROJETO

1.1 Título
1.2 População abrangida
1.3 Responsabilidade

2. DESCRIÇÃO DOS PROBLEMAS

3. ANÁLISE DO PROBLEMA

4. HIPÓTESES

5. OBJETIVO GERAL

6. OBJETIVOS ESPECÍFICOS

ESQUEMA EM PROJETO DE PESQUISA EM AÇÃO (cont.)
(Um quadro para cada objetivo específico)

6. OBJETIVO ESPECÍFICO				
Objetivos operacionais	Estratégias	Atividades	Cronograma	avaliação

A criatividade constitui-se em uma qualidade fundamental do trabalho do orientador educacional. Porém, sem planejamento que direcione a ação, dificilmente a Orientação Educacional realizará ação consistente e adequada no contexto escolar.

Para bem realizar o seu trabalho, analise a realidade, confronte-a com uma situação desejável, planeje as ações para a realização dos resultados desejados e ponha em prática o plano de ação, com a alma de educador.

Lista de figuras

1. Relação interativa entre funções de organização e de implementação, 22
2. Interatividade das funções de organização, 27
3. Conceito de planejamento, 34
4. Operações mentais envolvidas no planejamento, 48
5. Interação dos processos mentais e de seus objetos no processo de planejamento, 50
6. Funções do planejamento, 53
7. Dimensões do planejamento, 75
8. Ciclo do planejamento/implementação, 81
9. Detalhamento do plano anual, 116
10. Passos do planejamento, 117
11. Cronograma de execução de um projeto, 130
12. Significado dos objetivos, 135
13. Classificação de objetivos segundo níveis e aspectos, 139

Lista de quadros

1. Exemplos de fontes de referência sobre Orientação Educacional, 29
2. O valor do tempo, 72
3. Processos mentais expressos em verbos, 146

Lista de anexos

1. Quadro referencial de plano de ação, 155
2. Esquema do plano anual, 156
3. Esquema de projeto de pesquisa em ação, 165

Índice

Sumário, 7
Prefácio, 9
Prefácio da sexta edição, 13
Prefácio das edições anteriores, 17
Apresentação, 19

1. Significado do planejamento, 31
   Como o planejamento é conceituado, 32
   Elementos básicos do planejamento, 35
   Planejamento como processo mental, 47
   Planejamento, plano e projeto, 51
2. Necessidade e importância do planejamento em Orientação Educacional, 54
   A solução das limitações está no planejamento, 57
   Contribuições específicas do planejamento, 59
   Resistência ao planejamento, 61
   Consequências da falta de planejamento ou da sua imprecisão, 70
3. Dimensões do planejamento, 73
   Dimensão técnica, 78
      Qualidades gerais do planejamento, 79
      Planejamento como método científico, 88
   Dimensão política, 95

Princípios da Orientação Educacional, 98
Diretrizes do planejamento em Orientação Educacional, 101

4. Plano anual de ação, 103
    Descrição, 103
    Componentes do plano, 106
        Levantamento e descrição da realidade, 106
        Análise da realidade, estabelecimento de prioridades e de alternativas de ação, 110
        Descrição de objetivos, 111
    Especificação da ação, 111
    Monitoramento e avaliação, 112
    Detalhamento do plano anual de ação, 115

5. Projeto de pesquisa-ação, 118
    Projetos de Orientação Educacional, 118
    Descrição da pesquisa-ação, 119
    Passos básicos, 122
    Descrição do problema, 122
    Hipóteses, 125
    Objetivos, 127
    Estratégias e atividades, 127
    Cronograma, 128
    Avaliação, 130
    Pesquisa e ações cooperativas, 132

6. Proposição de objetivos educacionais, 134
    Significado de objetivo educacional, 135
    Níveis de objetivos, 138
    Significado do objetivo segundo seu contexto, 140

Aspectos básicos dos objetivos, 142
Integração dos objetivos ao contexto educacional, 147

Referências, 151

Anexos, 155

Lista de figuras, 169

Lista de quadros, 170

Lista de anexos, 171

CULTURAL

Administração
Antropologia
Biografias
Comunicação
Dinâmicas e Jogos
Ecologia e Meio Ambiente
Educação e Pedagogia
Filosofia
História
Letras e Literatura
Obras de referência
Política
Psicologia
Saúde e Nutrição
Serviço Social e Trabalho
Sociologia

CATEQUÉTICO PASTORAL

Catequese
Geral
Crisma
Primeira Eucaristia

Pastoral
Geral
Sacramental
Familiar
Social
Ensino Religioso Escolar

TEOLÓGICO ESPIRITUAL

Biografias
Devocionários
Espiritualidade e Mística
Espiritualidade Mariana
Franciscanismo
Autoconhecimento
Liturgia
Obras de referência
Sagrada Escritura e Livros Apócrifos

Teologia
Bíblica
Histórica
Prática
Sistemática

VOZES NOBILIS

Uma linha editorial especial, com importantes autores, alto valor agregado e qualidade superior.

REVISTAS

Concilium
Estudos Bíblicos
Grande Sinal
REB (Revista Eclesiástica Brasileira)

VOZES DE BOLSO

Obras clássicas de Ciências Humanas em formato de bolso.

PRODUTOS SAZONAIS

Folhinha do Sagrado Coração de Jesus
Calendário de mesa do Sagrado Coração de Jesus
Almanaque Santo Antônio
Agendinha
Diário Vozes
Meditações para o dia a dia
Encontro diário com Deus
Guia Litúrgico

CADASTRE-SE
www.vozes.com.br

EDITORA VOZES LTDA.
Rua Frei Luís, 100 – Centro – Cep 25689-900 – Petrópolis, RJ
Tel.: (24) 2233-9000 – Fax: (24) 2231-4676 – E-mail: vendas@vozes.com.br

UNIDADES NO BRASIL: Belo Horizonte, MG – Brasília, DF – Campinas, SP – Cuiabá, MT
Curitiba, PR – Fortaleza, CE – Juiz de Fora, MG – Petrópolis, RJ – Recife, PE – São Paulo, SP